民俗宗教論の課題

ニュー・フォークロア双書 1

宮田 登

未來社

民俗宗教論の課題

目次

民俗宗教論の課題

I

民俗から見たカミとヒト

一　民衆のなかのテンノウ信仰

一

岡山県阿哲郡上刑部という山間部の村で、昭和初期に次のような二つの話が聞かれた。一つは、この辺りでは唐きびを狐がよくとるので困る。そこで村人たちは、後醍醐天皇を祀った後醍醐神社に願をかけるとかならずとられないですむという。この地に後醍醐天皇が祀られたのは、天皇が隠岐島に流されたとき、この地を通って行ったためである。この天皇の眷属はお犬で、悪い病気が流行した時は、神社の太夫に御幣を切ってもらい、これを小さい箱に入れて村へ受けてくる。この御幣をかついでくる時は、道筋に塩を振りまきながら歩いてくるそうだ。作州の人が御幣をかついできたが、御幣を持ってきても本当に神様がくるかどうかわからないと疑いの言葉を発したところ、向うの山の斜面をお犬が二匹そろそろと歩いているのを見て、非常に驚きかつ畏れたという。

やはり同じ村で後醍醐神社の鍵を預かる旧家の若主人が、山中で木を伐り倒す最中に全身打撲を受け、顔は曲り、聾になるという大怪我をした。この人はしかし、自分は怪我で済み命を落とさなかったのは、後醍醐神社の神様の助けであると主張していたという。

右の二つの事例は、後醍醐天皇伝説の比較的多い地方に語られたものだが、ここでは神社の祭神たる天皇が、厄除け、災難除けの霊験をあらたかに持っていると信じられている。

富山県東砺波郡上平村では、昭和一一年当時二七、八歳の青年の話で、この人は一八、九歳ごろから変っていた。ふだんは遠慮深く口をきかないが、まれに口をきくと妙なことを言う。たとえば、「先夜西赤尾から新屋へ行く途中、四、五人の人に行きあい、ふり返ってみたらそれが皆木をかついでいて、その木には今年中に村で死ぬ者の名が書いてあった」などという話、今はやりの超能力男ともいえる。この人はかつて東京内務省様という手紙を出して警察の注意人物になっていたという。この手紙の内容は、蛇を書いたお札を祀ると蛇が真田虫になって体内を荒すゆえ、祀らぬようにしてくれ、蛇が明治天皇様のお写真を巻くと天皇様が悩ませられるゆえ、巻かせぬようにして欲しいと願っている、といったものだった。土地の青年は、この人を相手にもしないが、老人の同行衆はこの人の言を有難がっているという。

これらの話は、いずれも柳田国男編『山村生活の研究』(昭和一二年)にのせられたもので、祟りとか村の信心という項におさめられ分類されている。

若干話がとぶが、日本の農耕儀礼の中で、種蒔きしてから数えて、ある特別の日に限って、苗代へ入ってはならない、田植えをしてはならないと戒められている日があった。一般にこれは苗《なえ》忌《い》と称されていて、各地でそれぞれ異なっているが、いずれにせよその日は、仕事を休んで何もしないで家にいる、つまり物忌《ものい》みの日だとされていた。

これは田植えの時期にあたって、苗を祀る儀式のあったことを示す残存といえるが、何故仕事を休まねばならないかという説明に、じつはこの日、テンノウが田植えをするから、ふつうの百姓は田の中へ入れないのだという土地もあった。たとえば五月初卯の日などはとりわけ厳重にいわれており、イセノオタウエ、つまり伊勢神宮の御田植えがなされる日だとして、田に入らない地域は、中部・関東地方にかけて多く聞かれる。その中でテンノウが御田植えする日だからというのは、伊勢との結びつきから、そのように表現するにいたったのか、あるいはテンノウにこめられた別の神格または霊力を重んじての表現なのかは簡単に断定はできない。

テンノウとかテンノウサンとよばれる民俗語彙は、全国各地から採集されている。たとえば長野県下伊那郡南信濃村の遠山地方では、山仕事に携わる人たちが、山小屋入りをする際の祝いに、粳《うるち》をちょっとかために炊いて、すりこ木でこれを潰し、幅一寸もある木の串へ掌の大きさに握りつける。そしてこれをあぶって味噌をつけて山の神に供えてから食べるという。これを天王《てんのう》御幣とよんでいる。

長野県の南信地方で六月一日を天王降しとよんでいる。この日は主として少年が天王様を迎える。一四日がテンノウ上ゲで、天王様を送る日である。初なりの胡瓜を供えるか、川に流すという。この日はアオモノダチ（青物断ち）と称して朝の内は野菜を食べず、畠にも入らぬという禁忌があった。天王降しといい、天王様を迎えると素朴に表現しているが、いわゆる牛頭天王を祀る信仰が習合していることは明らかだ。

新潟県西頸城郡名立村に天王ケ滝がある。この名称の由来は、昔、牛頭天王が三本足の白馬にのってこの滝を下ったためといい、今もその馬の蹄の跡が残っていると伝えている。

テンノウが天王と表現されていることは、民間信仰の中の一現象とみてしまえばそれまでであるが、民衆の信仰史の上で天皇信仰を別立させる場合には決して見落とすことのできぬ民俗事実なのである。牛頭天王の信仰の基本は厄除けであり、これは夏の疫病流行時に祀られた神格である。夏祭りの祭神はほとんどが天王であることはよく知られている。

前掲のテンノウの田植えの日だと説明している例なども、天皇か天王かというと決してさだかに意識された伝承とはいえない。

兵庫県淡路島には古代の廃帝が祀られているが、近世に記録された『常磐草』の文に、「廃帝天皇陵」に関する記事がある。

三原郡賀集中村ニ在、今天皇ノ森ト称ス（或杉尾ノ森トモ云）山陵周囲三百七十間其東面ハ山ニ沿テ池アリ、界内丘上ニ廃天皇ノ神祠アリ、今牛頭天皇ト称ス按ルニ廃帝天皇ノ陵ナルヲ以テ天皇ノ森ト呼来リシヲ終ニ牛頭天皇ト誤レル也、陵下ニ神宮寺アリ修験ノ真言僧爰ニ住シテ神祠ヲ守レリ

右の記事をみると、明らかに天皇と天王が混同されてしまっている。はじめ天皇を祀っていたわけだが、ある時点で牛頭天王になりかわったと推察できる。別の文献『淡路草』には、「寛文の初年、他国より修験の僧来り、廃室を再修す、牛頭天王の社頭を再建して春秋の祭祀を務む、夫より世々修験派と成れり」と記しており、近世初期に天皇陵が牛頭天王へと真言系修験の手によってすりかえられて祀られたと考えられている。

さらに加えて「牛頭天皇社は、廃帝を祭りて天皇と云に混伝して牛頭天王と成たるやと思ふ人あり、廃天皇必ずしも神社を設る事あらざるべし、後人の私に祝祭れり也」と言っている。つまり、『淡路草』の著者も、天皇と牛頭天王の混同があったことに気づいているが、ただ廃天皇を祀るのは私祭で許されるのであって、秘かに祀られていたのだろうと推量している。

淡路島には、右の話だけではなく廃帝の陵といわれるものが散在している。淡路廃帝は明治になって淳仁天皇の名が付せられたが、古代王権の葛藤の犠牲として退位させられた天皇として知られる。天平五年（七五七）二六歳のとき孝謙天皇の後をうけて即位した。当時の王権は恵美押勝と道鏡にかこまれた孝謙上皇によって支えられており、押勝と道鏡の抗争のうちで天皇は、押勝

側についたかどによって上皇に押えられ淡路に流される。これが天平八年のことで、翌年配所で天皇は死んでしまう。これは歴史的事実であり、これに基づいて廃帝御陵伝説が形成されたのである。たとえば『常磐草』に「惣社十一明神ノ東ニ小祠アリ、淡路廃帝ヲ祭ルト云、界内七百歩許有テ、䇳竹生タリ按ルニ是又惣社ノ界内ナルヘキニヤ、或ハ廃帝淡路ニ配流シ玉フトキ（下略）」とか、「野辺ノ宮ノ少シ東ニ二百歩許ノ林叢アリ少シ小高キ処ニ古松アリ、里人ハ廃帝ノ陵ト云、或人山陵未築ザル先ニ殯葬セシ奉ル処ニテモ有ベシ」とか、「土俗其処ヲ高嶋ト称ス、松ノ生タル円山ニ小祠アリ里人淡路廃帝ノ陵也ト称シ毎歳正八両月ヲ以テ神祭ヲナス」などと記されている。

こんもりした塚状のところに小祠があって、廃帝をまつりこめたとの伝承がある。ところがこれを天皇の森などと称した段階では、もっぱら牛頭天王の方に擬せられる傾きがあったのである。ということは、天皇を受けとめる側の民衆の心意にあっては、御所に坐す天皇のイメージとは別の存在が展開することを示すだろう。この場合には追放された天皇が、一つの神格として祀られたわけだが、民衆の神として霊能を発揮する段階では、牛頭天王のもつ厄除け災難除けを果たすものと望まれたといえる。

二

近松門左衛門の人形浄瑠璃の中で、天皇を主役とさせる内容がきわめて多いことは、以前に指摘されたことである（木谷蓬吟『近松の天皇劇』）。近松のいわゆる時代物とよばれる中で、特定の天皇についてかならず触れる部分のある作を総計すると四五篇にのぼるそうで、時代物の総数の過半数を超えるといわれる。

天皇を主人公として描くとき、どういう形でとらえられるかは興味を惹く点である。筆者自身はこの中でとりわけ「浦島年代記」を分析し、天皇が王権の悲劇性と非日常性をそなえていることを明らかにしようとしたことがある（拙著『生き神信仰』）。

このこととは別に、木谷氏の名づけた天皇劇には、なおいくつかの天皇信仰の属性といえるものが指摘できそうである。そこで次に二つの事例をあげてみよう。一つは「天智天皇」（元禄二年三月上演）である。これはひとくちに言って、王権継承にまつわるストーリーである。歴史上では皇極天皇が中大兄皇子に禅譲せんとしたとき、中大兄皇子は、軽皇子（孝徳天皇）に譲ろうとした事実がある。これを近松は、横暴な逆目の皇子を設定し、逆目皇子が中大兄皇子（劇中は葛城の大君）を追放し、自ら即位しようとする、そこに繰りひろげられる王権継承をめぐる争いを描いている。その中で葛城の大君が、恋人の花照姫と宮中を逃れる道行の場面がある。一行が大和と河内の国境の穴虫山に着くと、折から中秋の名月の前夜にあたる。そこで葛城の大君一行は月を見るため小休止する。供の者が、附近にある稲をかき集めて天皇の膝に敷かせようとすると、天皇はそれを断って次のように述べた。

まことにおことが心ざしは厚けれども、この稲を我が膝に片敷かんこと恐れあり、春は耕し夏は植え秋は実りて冬収む、民百姓の苦しみは千束万束も、一穂の稲もかはらぬぞや、されば十善の位はふむとも、民の養ひあらずんばいかでか天下を治むべき、天子即位の年、稲の初穂を天照大神に奉り、大嘗会を行なふも民を憐むしるし、神もまた民を憐みて、供物は三杵と伝へたり（下略）

いかにも聖天子のイメージが与えられた描写であるが、基底には稲霊祭祀の司祭者の性格をうかがわしめるものがある。こうした情景が舞台で演じられるわけだから、これを受けとめる民衆の方にも、そうした天皇像が認められていたことだろう。つまり天子即位、大嘗祭を通じて稲の祭りが執行されること、これが共同体首長の機能として位置づけられていたものと考えられよう。

さて次に「相模入道千匹犬」（正徳四年四月上演）がある。これは綱吉将軍の悪政を諷刺した評判作の一つだが、登場人物は北条高時など南北朝時代の人物名を冠している。南北朝の葛藤が中心となっているが、犬好きの高時が、後醍醐天皇の第四皇子成良親王を犬合せの会に招き、さんざん愚弄する。折も折、笠置の合戦で南朝方が大敗し、後醍醐天皇は落ちて行き、大塔宮は自殺したという報告が届く。皇子は、高時と差しちがえんとして襲いかかるが、捕われて桐ケ谷の山中の牢屋に閉じこめられてしまう。

皇子は森の中の牢屋で日夜大般若経六百巻を読み、父と兄のために祈念しているところへ、麓の村の娘たちがやってくる。その中に狂女が一人いて次のように言った。

この山の親王様お位は神同然、歌とやらお書きなされたお筆のあとを戴かせて、御祈禱遊ばせば、生霊死霊おこり疫病も、はしかいぐち啞ごろかなつんぼ、いかな病でもほんに拭うて取つたやうに、またや再び跡方なく、谷七郷が親王様のおかげを仇にも存ぜず（下略）

この狂女は、皇子に恋慕して、周囲のとめるのに聞かず言い寄っていく。「位倒れの宮様に惚れたら何じや、人であろうが狐であろうが、恋に高い低いはない、かりにも主と云はるゝ身、王は十善神は九ぜん、一ぜん足らぬそのぜんを据えに来た女房を、喰ふまいとはどうよくな（下略）」とわめきたてる。

右の狂女は、ふつうの村娘とはことなった形で皇子と通じており、いわば巫女として現われているとみなすことができるだろう。ここで皇子が書く筆跡に特別にマナが付随しており、これを念ずればいかなる悪病も追放されてしまう。いわばテンノウの厄除けの力をいかんなく発揮すると信じられている点は興味深い。狂女である巫女が山中にある霊験あらたかな皇子の生き神に接する情景として、右の場面が設定されているのだ。

木谷蓬吟氏が天皇劇として把握した意図は別にあったようだが、右の二つの劇のストーリーには、天皇信仰の体系を構成する主要素が発見できるのである。

三

テンノウ信仰にこめられた性格を、近世の代表的な演劇の一つである近松の人形浄瑠璃の中にうかがおうとした場合、先に指摘した二つの側面すなわち稲霊祭祀の司祭者たる性格と、厄難災難除けの生き神としての性格が浮彫りされてくる。王権を支える信仰的基盤の属性として右の二面は見逃がし得ないものである。とくに後者の性格はテンノウを天王と表現した場合、容易に混同し得る要素といえるだろう。

さて次に天皇信仰の上でどうしても見過ごせない天皇の行幸に伴なう信仰的要素を考えておきたい。天皇行幸が記録的に増加するのは明治以後であり、いわばこれは古代王権の国見の性格を系譜とする。その遊幸性がもたらす客人神《まろうど》としての天皇の位置づけの根拠となり得るものであった（和歌森太郎『天皇制の歴史心理』）。

明治天皇が全国を行幸する、そして行幸した際、小休止をしたり昼食をとったり、宿泊した場所は聖域として保存される。昭和一〇年と一一年にわたり文部省が『明治天皇聖蹟』として報告書を公刊しているのはなかなか興味深いことである。明治天皇の足跡はそのまま聖蹟と認定されたわけであるが、認定の時期は天皇の死後のことで昭和八年からはじめられている。たとえば掛川行在所については、「明治十一年、北陸東海巡幸の際、京都より還幸の砌十一月一日御駐泊あらせられたる処にして旧規模よく存し、当時の記念物を保存せり。掛川は東海道の一駅にして行在所たりし山崎千三郎宅は、街道より北に入ること約一丁許の処にあり、安政年間に新に宅地を選びて建築せるものにして、前面に長屋門あり、本屋は平屋建瓦葺にして、多くの附属屋舎を有す。御座所に充てられたるは本屋の奥八畳間にして其に接して次の間あり、入側縁を隔てて庭園に面す。御座所は、平常使用せず、鄭重に保存せられたり」といった具合である。「平常使用せず、鄭重に保存せられたり」とか「爾来その使用を禁じ、鄭重に保存せらる」ることが聖蹟たる条件とされた。

やはり明治一一年北陸・東海巡幸の際、行在所となった富山県下新川郡泊町の伊東祐明氏宅は、旧金沢藩の十村役をつとめた旧家であるが、天皇休泊を受け、檜の良材を飛騨地方より求めて新殿を造営し、行幸を仰いだとしている（史蹟調査報告第八集『明治天皇聖蹟』昭和一〇年）。

行在所の建物のほかに、天皇が飲料水として用いた井戸も「御膳水」として指定された。滋賀県甲賀郡土山町は、明治元年東京行幸の際昼食をとった場所だが、そのとき用いられた井戸水は、調査時点で「小学校飲料水としてのみ使用し、鄭重に保存せられある」というとらえ方をしている。

次に注意されるのは天皇お手植えの松が定められることだ。お手植えの松は行在所よりも「御野立所」と称される地点に植えられるのが特徴である。愛知県知多郡武豊町では、明治二〇年天皇行幸し、陸海軍対抗運動を観覧した場所が長尾山とよばれる丘陵地である。天皇が立った地点を切石で囲み玉石を敷き詰めて保存の対象とされた。そしてその脇に御手植えの松が植えられている。茨城県那須郡那須村も、明治四二年陸軍特別大演習の際行幸があり、すこぶる展望に富む地が野立所とされた。ここにやはり明治天皇御手植えと伝える松が保存されていた。

行在所の場合には、庭園の一部に老松または老杉の大樹があると、これがやはり保存の対象となっている点とあわせて興味深いものがある。

つまり天皇を迎え入れる側では、神聖な社《やしろ》を作り、清浄な水を用意し、さらに常緑樹が聖域の象徴として残されることになる。

明治元年東京行幸の際、名古屋市の熱田東町を天皇の行列が通りかかった際、たまたま車を止め、折からの収穫の状況を眺めることがあった。そのときの日誌には、「叡覧の際、輔相公農民より稲穂を手づから御受取にて天覧に備へられし」とあって、車馬をとどめた地点で、農民が稲の初穂を献納したことが示されている（前掲『明治天皇聖蹟』）。ここは後に明治天皇覧穫之所と題する石碑が建てられたという。

天皇信仰が客人神の性格をよく表わすのは、こうした行幸においてきわ立ったものである。明治天皇に限ってそれが濃厚に示されることはあるが、日本の王権に備わった性格としては看過できぬものである。このことは第二次大戦以後の県別に毎年行なわれる国体での天皇行幸に際して、同様な形態で行なわれている点に留意すれば明らかだろう。

民間信仰という現象の枠内で、テンノウ信仰として資料を客観化する手続きはまだ不十分であるにしても、日本の民衆の原思想の実態をとらえるためにはこのことはきわめて必要なことだと考える。テンノウととらえたとき、天王の厄除けの霊験と習合する部分と、客人神としての天皇の稲霊祭祀と結合する部分とが、錯雑した形で展開することはある程度推察され得るだろう。この場合、民衆がはたしてどちらの部分により多くの期待をこめて信仰したのか、今ある資料だけでは判断しにくいものがある。いずれ今後の課題としておきたい。

二　いわゆる権威としての天皇信仰

一

日本の王権についての論議は、今後も尽きないと思うが、その中で王権の宗教的要素に対する説明については、主として宗教民俗学的成果によるところが大きい。

王権の非日常性という性格は、つとに指摘されたことであり、その象徴的意味づけは、山口昌男や、最近では桜井徳太郎、佐々木宏幹、小松和彦の考察が優れている。日本の天皇の場合に、非日常性要素の摘出は、宗教的霊威の存在を予想することによって、ほぼ可能だと考えられている。たとえば、シャーマニスティックな要素、遊幸神としての性格、客人神的要素、太陽神の司祭者としての要素などが、古代天皇の宗教的基盤にあったことが理解されている。

だが日本の王権は通時性をもって、現段階まで存在しており、各時代ごとにその発現の仕方に差がある。その際王権のもつ非日常性は潜在的な性格を示しており、われわれが一般に天皇制として意識している大部分は、王権における日常性を表わす属性なのである。天皇は国民の象徴であるという規定にしろ、あるいは日本人の道徳律の根源であるという考え方にしろ、いずれにせよ、ごくあたり前の日本人の日常生活体系を前提として、その日常性における最高の価値観念を凝集した形で王権を予想するものだといえる。

かつての慣用句であった聖天子というイメージは、古中国の理念にもとづき、日本の王権にあてはめたものであり、歴史的には清和天皇の段階より作られたと考えられる。聖天子はすなわち現人神とする一種の信仰は、折口信夫が「天子非即神論」で論じたように、近世国学者の思考の所産だった（『折口信夫全集』第二〇巻）。折口によると、「あらひと神」という語は「生神といふ語の一つ前の国語で、近代に廃語になつた」ものだとして、その意味するところは、神が人間身に示現し、かつ人の目にふれる神であり、ある時代には最威力ある存在であった。そしてこれは神道上の概念なのであって、「少なくとも天子を意味する語ではない」。人間が神化したものつまり生神ではないわけだから、元来神格の一つの名称に過ぎない。「大君は神にしませば」という天子を讃美する表現形式は、きわめて形式化したスタイルをとるが、折口はこれを現人神即天子の根拠とするよりも、神話を現実にあてはめてなるほどと思わしめるよう歌に作った作為に過ぎないのだという（「宮廷生活の幻想」『折口信夫全集』第二〇巻）。「大君は神にしませば」という表現は、現実には天子はすでに神の位置よりも遠ざかっていたから生じたものだということになる。そうした思考を折口は飛鳥・藤原時代の頃からだと指摘するが、平安時代にはそうした考えはすでに常識化していたといえるだろう。

現人神が聖天子像と重なり合うという錯覚を脱して天子も人間であるという考えに至ったとしても、日本の民衆の間における天皇信仰は万世一系という形でなお通時性をもって展開していたことはまた明らかだった。「天子様と替わらしたとちゅうても天皇様はどかん人じゃら、狂言でみる金の冠に金らんの広袖着とらす人と思うが」（鶴見俊輔『御一新の嵐』）といった一般民衆の表現には、現人神などという感覚はなく、ただ若干一般俗人とは異なっているらしいというとらえ方をしている。ということは、そこにある種の権威、それも政治的権力とは異質の権威が保持されてきているといってよいだろう。

ではその権威の性格は何かという問題となるが、そのことこそ天皇制持続の原理と深く関連しているのだといえるだろう。

さてわれわれは天皇信仰のそうした権威性を考える場合、近世という時代におけるあり方に注意している。というのはこの時期は、天皇が俗権の代表である政治権力ともっともかけ離れた存在だったからだ。それは政治権力とは無縁で、経済的基盤に乏しいにもかかわらず、尊崇され得たという、俗権から超然とした立場であった。当時のオランダ人やイギリス人たちが、天皇を法王と同質にみたのもむべなるかなと思われる。それが俗界を超越した神聖な権威を持つ故だとすれば、権威の発現する根拠を探らねばならない。この点については筆者の見解を別に明らかにしたが（拙著『生き神信仰』）、しかし前述したように、これを近世という時代枠組みの中で再検討することがさらに必要だと考えている。

二

天皇制の存続、天皇信仰の基幹にある権威信仰は、いずれも民衆意識あるいは精神構造の反映として成り立つものだという一つの前提がある。神的権威は俗的権威を否定するところに存在理由があった。その属性の一つとしてわれわれは非日常性のあり様をさらに深化させねばならない。たとえば王権に伴なう悲劇性、これはとりわけ王子の放浪という形で現出するものであり、たとえば日本においてはヤマトタケル伝承に事例が求められるだろう。また歴代天皇のうちでも、後醍醐、安徳天皇などは、その範疇に入るものといえる。

ここに挙げる花山天皇は、西国巡礼の開祖という伝説が伴なうことで民間信仰の中では人口に膾炙されている。『神皇正統記』に、「天下を治め給ふ事二年ありて、俄に発心して花山寺にて出家し給ふ」と記されているが、その理由については、次のように言われている。花山院が一七歳で即位した後、右大臣兼家の女詮子の子である懐仁親王が皇太子となった。もちろん藤原氏がその背後にあり、兼家は早く懐仁親王を皇位に即け、みずから摂政関白たらんことを欲していた。ところがたまたま花山天皇は愛人の祇子に先立たれてしまい、世を味気なく思って仏道に入ろうという気持になった。これを察知した兼家の二男である道兼が計略をめぐらして、天皇を御所から逃亡させ、花山寺に入れてしまう。その間、神器などを東宮の方に移送して、御所を閉鎖してしまい、もはや天皇は元へ戻れず、剃髪せざるを得ない破目に落し入れられてしまった。つまり、藤原氏の陰謀によって天皇は譲位させられるが、実質は追放されたのである。この天皇の出家・放浪が後世、西国巡礼の開祖という伝説として定着したのであった。

花山院追放の一件は、平安時代の歴史的事実であり、王権の悲劇性の一つの現われといえる。だが、花山院伝承が近世で語られる場合、「花山院寵愛の女御かくれたまひし恋慕の御なげきより終に御出家ありし」という点のみが強調され、「淫乱の聞えおはせし」「帝荒淫にして狂愚なる事」という表現になった。『塩尻』には、「花山院即位の日高御座の上にていまた時刻を申ざる前キ馬の内侍を犯したまへり」「嗚呼帝登壇の日礼を捨て淫行し治世の間女御の死を見て位を捨て僧となり、僧行の中人の女に通して身を捨て疵をかうふれり、始終の淫乱前代例しなし嗚呼」(『塩尻』巻二三)とも述べられている。

つまり王権の最高儀式の過程で、女性を犯し、やがて王位を去って僧となり、放浪の途中でさらに多くの女性と通じる、たとえようもない淫乱者だというわけである。

花山院に対する評価は、陽成天皇の場合と類似する。陽成天皇は「昔の武烈天皇の如くなのめならずめざましくおはしければ」（『愚管抄』）とか「此天皇性悪にて人主の器にたへず」（『神皇正統記』）と言われた。宮中での乱暴狼藉ぶりが引合いに出され、「物狂い帝」だと噂されたという。そのため藤原基経によって追放されてしまったことになっている。荒淫とか物狂いという状況は俗人の日常性に反することであり、その点のみが追放され放浪する天皇に冠せられたことに注意すべきだろう。

次にそうした悲劇性を代表する安徳天皇についての伝説を考えると、これは後醍醐天皇伝説以上に全国的に分布している。そのほとんどは安徳帝生存説を伝えたもので、二位尼とともに入水自殺をとげるそぶりをみせてじつは巧みに落ちのびているのだと説くのである。その中で、帝は女性であって、山中に隠れ住んでいるうちに、山伏と性交して子を生んだ、その子が成長して寺院を開創したのだという寺の縁起にもなるものがある。安徳女帝説だが、その根拠は、元来女子であったのに、清盛が勢威によって女を男だと言わしめ、高倉帝を退け、みずから外祖父の力を発揮させせんとした謀略によるという。

また宮中の習俗として、男子出生のときは、御殿の棟よりこしきを南の方角に向けて落とし、女子出生のときは北へ落とすということがあって、安徳帝出産のときは、たまたま難産であって人々が錯乱しており、あやまって北へ落としたという『源平盛衰記』の記事があり、これは逆に真実は女子であったことを物語るのだとする説もあった（『梧窓漫筆拾遺』）。

いずれにせよ、安徳伝説には、悲劇の王の放浪がモチーフとなっている。その過程で性転換のことが説かれており、元来女であったのが男に変じていたのだと説明したりする。真偽はともかくも、安徳帝が女であったがためにうまく生き延び、子を生んで、その子孫の家筋が作られていくというわけである。これも一つの非日常的要素の現われとみることができよう。

王子の誕生から死にいたる儀礼は、いずれもことこまかに定まった規約によっているが、俗人のハレの儀礼との間に差異があれば注目されねばならない。たとえば出産の際に屋根の棟からこしきを落とす、男は南へ、女なら北へといった呪術は、『源平盛衰記』のほかにも『山槐記』や『徒然草』にも見られる。『徒然草』には、「御産の時こしきおとす事はさだまれる事はあらず、御胞衣とゞこほる時のまじなひなり」とあって、難産にならぬための俗信であることがわかる。これが宮中でことさら重んじられ、とくに天皇の子の出産の際の象徴的なものとして人々の間に記憶されていたのだといえよう。

近世の記録である『塩尻』には、天皇の誕生は「大方正月の御誕生目出度例しにや侍る」として、歴代天皇の誕生月が正月であることの例をいくつかあげている。享保四年一二月二九日に誕生した桜町天皇は、わざわざ「翌年正月元日戊辰御誕生」とただされ「此度皇子御誕生いとゞまれなる御事なりし」と述べ、皇祖神武天皇が庚午の年正月朔庚辰に誕生したこととくらべて大いに喜んだといっている。現実には、正月元旦誕生があるわけではないが、皇子出誕はそうあるべきだという心意の一端がのぞかれている。

天皇の死の儀式である大葬の場合に、遺体を引く牛について、次のような言伝えがあった。それは額に月日星の紋のあるもので、この異牛は天皇の死がある年にかならず出現したという。「五畿内の民家に此文ある牛生ずるときは、是はよからぬ事也といひて、其牛を大切に養ふ事也」(『譚海』巻三)といわれた。王の死の前兆と意識されたのである。

葬送の車は、江戸時代には内裏より泉涌寺に向け、深夜出発する。棺の側に公家一人があって、通る町の名を一つ一つ読み上げる。公家たちは皆な藁ぐつをはいて、車の後にしたがうが、はきなれないくつであるため、行列は遅々として進まないという。「御幸の道すぢの町家皆火をけして、くらやみに坐して拝見する事也、御車の簾をかかぐる大臣の役也、其人いつも御簾に参とき詠歌ある事普通の定例也とぞ」(『譚海』巻三)と記される。葬送の列が暗闇の中に進む様がよくわかる。ついていく公家たちがわら製のくつをはいているのは、このくつが非日常的な具であるためだろう。天皇の死をハレの儀礼で扱う場合の一つの特徴が、ここにもいくつか現われているのである。

天皇の示す象徴的儀礼として、しばしばとり上げられる大嘗会は、文正元年(一四六六)以後、戦国時代には中断していたが、近世に入って、貞享四年(一六八七)に再興された。もっとも辰の日に巳午の節会をして、ただ一日の宴会という短縮した形であったが、元文三年(一七三八)桜町天皇のとき、古式にのっとり再興されたという。大嘗会の前後三〇日間、禁中の神事は、すべて天皇中心に施行されるのだが、毎夜徹してのお籠りが軸にあった。この間宮中の燈火は耿々として、あたりを隈なく照らすという。天皇は毎朝寅の刻にいたると、高みくらに昇る。御座は黒塗りの八角の牀であり、身じろぎすると、簾の外からその姿が見ることができるほどだという。警固の雑掌諸司いずれも仮寝もできぬまま御所の塀の下に坐っている。夜が明けかかるとき、素袍の袖に霜がおりる寒さの中であった。御所の南庭を見おろす山上の寺々はいずれもこもでおおい隠されており、大嘗会の期間中、鐘をならすことは禁じられたという。

大嘗祭の複雑な要素については、従来もしばしば分析の対象となっているが、その具体的内容はまだ十分に明らかにはされていない。しかし王位継承を示す象徴的な儀礼であることは、たしかである。天皇の存在が俗人の眼からみるところ、この儀式においては天神を祀る最高司祭者であること、それゆえに尊厳が保たれているとみなされているようだ。

一般人の日常生活の暮らしぶりの中から、京の一角に住む天皇のあり方をどうみているのかを、いわゆるハレの儀式を通してうかがうと、当然のことながら、その非日常性の所在は、はっきりしている。

そこで次に、いわゆる天皇のケの生活のあり方を一般俗人の立場からどうとらえているのかを吟味する必要があるだろう。

『卯花園漫録』巻一や『安斎随筆』巻一六には、「天子尋常の御容体」として、日常の様子を次のように記している。「御元結執りにて紅の御袴計著御」、この元結執りというのは、飾りを冠の下に結わえつけたもの、御飾りというのは髪のことである。そして「御冠は御内々にては多分著御なし」とあって、ごく日常の生活の中では冠をかぶっていないわけだ。冠は「金巾子の御冠」であり、金紙でおおわれた光輝ある冠である。そして普通は白の平絹を着衣とする。夏といえども白平絹の袷をつけている。平絹は羽二重だから夏はかなり暑い。帷子は極暑であっても着用できない。帯は組打の帯で、色は紫か紅紫または赤色で、「下緒のごとく打たる物」であり幅は一寸ばかりだという。白と赤（紫）の色彩を用い、平絹の着用といった制限が与えられ、これがごく日常の衣裳なのであった。夏には夏にふさわしい衣服を着られないということにすでに一つの意味が付されている。

『譚海』には、天皇の日常生活に関する興味深い記事がいくつかのせられている。「今上御位の間は、鍼灸等用させ玉ふ事なし、玉体に刃物をふるゝ事なりがたき故、御髭爪など長ずれば、女嬬歯にてくひ切て奉る事也」とあり、天皇が日常において、鍼灸を用いること、刃物をあてることはできないとしている。ひとたび譲位すれば、こうした窮屈なことはなくなる。桜町天皇が譲位したその夜、「やがて供御に蕎麦を召れしと也、御灸治も度々に及びしとぞ承り」と記され、一般人の生活に戻ったことが分かる。

天皇の在所である禁裏につとめる公家たちは、「足袋を用ゐらるゝ事なし、寒中といへ共皆素足なり、それ故公卿にひび赤ぎれのなき仁はまれなり」という状態で、七〇歳以上の老人のみ足袋をはいて参内できたという。

とくに宮殿はすべて板敷であるから、冬の素足の冷たさは大変なものだったといわれている。天皇の近侍はすべて女房だが、女性であるため当然毎月、月水がある。したがって穢れの身になるため欠番になる。だから月水のない老女がかならずまじって仕えていたという。そして近仕の女房たちは「両手こと〳〵く胼胝《たこ》ならぬ人なし、御衣を奉らんとて手を洗てつかふまつれり、終りて又手をあらふ」。天皇が一つの行為をなすのに、それを手伝う女房ははじめと終りに手を洗うため、しかも冷水で洗うのだから、たこが出来てしまう。

これらの行為は、天皇の周辺が清浄な聖の空間であることを示すことになるだろう。

「今上の御所作、毎朝寅の刻御行水御装束にして、御拝の礼行るゝと也、御不予の外欠事なし、殊に御苦労なる御事と承りし、されば桜町天子御製に、

朝ごとの鳥の初音におき出でて

夜深くいそぐあさまつりごと

と遊ばされしよし（下略）」（『譚海』巻三）

聖域における天皇はその日常生活の中で、まず毎朝寅の刻に目覚めて、行水した後礼拝する、つまり神事に携わるのである。

もう一つ注目されるのは、御所の庭に田作りする田があったことである。「春より秋の取納めまで、稲のうへ付の事をありのまゝにして叡覧に入て、御なぐさめにするやうにかまひたり、その人は禁裏御領の百姓、御庭にいほりを結びて、住居し耕作する事也」とあって、稲作との関わりを示唆している。この段階で天皇みずから耕作に従事したことはないようだが、身代りに御領の百姓に耕作させていたことが分かる。

早朝暁天における神事と、昼間での稲の耕作、これは稲霊祭祀の儀礼とみなされるだろうが、この二事が司祭者としての天皇の日常性をよく発現し得るものだといえるだろう。

元和三年に後陽成天皇崩御の際、京の町人の女一五歳なる者が歌った歌に「及びなき雲のうへなるなげきをも天が下とてぬるる袖かな」（『玉露叢』）とあるのは、天皇を一般民衆が雲上人とみたてた感覚を露骨に示すものである。また節会、正月一七日、三月七日と盆に、「凡人禁中縦観をゆるさるる事」があり、「其時に至尊を拝し奉る事有」という。その時の状況は、「廊より紫宸殿へ渡御の時、女嬬前後に扈従し、ひあふぎを開き連接して竜顔を障翳し奉る、一片の霞の如し」ということだから、膝まづき「一片の霞の如く」天皇を拝したわけであった。

宮中は聖域であるとの感覚は、こうした状況からもよくうかがえる。一般民衆がそこに参拝に行くことは可能だが、聖域の司祭者である天皇礼拝は、一般人の日常性と異なる要素を認めたところに成り立っていることが明らかである。

天皇の日常性をハレとケの次元でとらえた場合、ハレの中の非日常性は当然のことながら強力に打ち出されている。一方天皇のケの生活そのものは、民衆の日常性とは異質なパターンを示しているのであって、民衆からみるとハレとケの複合化した意味での天皇の日常性は、すべて非日常性をもって表現されることになる。

だがこうした天皇における文化構造の指摘は、天皇を現人神視する条件にはなっていない。そのことはたとえば、桜町天皇がある日突然、京極通の犬が御所の庭に入って歩きまわるのをみて、「めなれず、おそろしとて、いみじうおどろかせ給ひける、ひたすらに御覧じならせ給はざりけるこそ」(『おほうみのはし』)というエピソードをみても明らかなように、すでにそこに現人神としての霊威があるわけではなく、ただ単純に犬を怖がった話として伝えられるわけだから、一方で神聖視される玉体として説かれる存在であるにしても、それはむしろ極端に神事に関与する天皇の日常性、これは逆にいえば民衆一般からみた非日常性に帰因することが明らかだった。

三

さて日本の王権にみる非日常的要素が、はなはだしく宗教性を帯びていることは、近世に語られ記録化された天皇の生活史料のわずかな断片から知り得るところであった。そこで、天皇の霊力といった性格がどのように発揮されているのか、これを宗教民俗学的にとらえておく必要があろう。

『譚海』に記された記事は、京都に旱魃が続いたとき、天皇が中心になって雨乞いが行なわれた事情について、次のように記している。

（前略）禁裏にて雨乞せさせ玉ふ事あり、其式は北山八瀬の村より嫁せざる十五六歳の女子を壱人召れ、五つ衣緋の袴等を借し下され、官女の容体に仕立られ、女子沐浴潔斎して此服を著し、三重がさねの扇子をもち、高き台の上に座せしめらる、其台は白木にてこしらへ、高さ壱丈余なる物にて四檻に笹竹をたて、其竹に院中より始め、堂上公卿の雨乞に詠ぜられた和歌を、短冊に書れたるを結び付、堂上の雑掌かはる〴〵其下に番する事也、扨潔斎の日限終りて、女子を官服のまゝ手輿にうつし、大文字山へかき行也、供には雑掌残りなく倶し、炎天に蓑笠を著て行列とゝのへ、晩景に出京し、彼山に行登りて、神泉苑の水を硯にうつし墨にすり、女子に書せたる呪文を谷に投入て帰洛に赴く時、やがて一天かきく

もり、大雨車軸を流す如く降りたりとぞ（下略）

これをみると、天皇がみずから雨乞いをするという形をとらないで、一人の女子を身代わりに立てて、雨乞いの歌を笹竹に吊す。潔斎の後に、女子を大文字山につれて行き、その女子に呪文を書かせて、谷に投げ込むという儀式をするのである。

京都では大文字山が雨乞いの対象となっており、この山中に水神がいると信じられていたらしい。この神に天皇の代行者である一五、六歳の女子が立てられ、それが一種いけにえの機能を発揮するようだ。その女子が谷へ呪文を投入するというのは、いけにえとしての女性が水神に捧げられたことを象徴する儀礼だろうか。この段階では、天皇の代行者が、雨乞いの霊力を現出するのであるが、本来は天皇の宗教活動の一つであったように思われる。

さて節分の夜に、京の町人たちは、御所の内侍所へ入り、銭一二文を入れると、禁裏の追儺で用いられた大豆をもらえることができたという。節分以外でも、御所の知人に頼むと神符をもらえることができた。追儺の大豆は、悪霊退治の厄除けの働きをもつもので、神符も同様だから、これらが御所で用いられていたために、とりわけ霊験あらたかに感じられていたらしい。

天皇および天皇の周辺で呪力がより以上に発現するという考えは、天皇の詠む和歌などにも示される。

享保八年、流行病がまん延して、多くの人々が死んだ。当時の天皇であった霊元天皇は、そこで「風ふかば本来空のそらにふけ、人にあたりてなんの疫癘」と一首詠んだ。この歌を人民が書きしるして護符とすると、病人は治り、また病気にかからないといわれたという（『閑窓自語』）。この歌の内容は、悪風は本来空を吹くものなのに、わざわざ人にあたって病気を流行させるのはけしからない、という意のものであり、天皇が疫神をたしなめた歌である。それを一般民衆が護符としたわけであり、ここに天皇の霊験が示現したことになる。

この霊元帝は、その名の示すように、霊力がことさら盛んだったようだ。

宝永五年三月八日朝のこと、東山天皇が父の霊元院の所に伺候しようとしたとき、「霊元帝より御書を進ぜられて、今日に御つゝしみあるべし、おぼしめしあはす所ありと仰せられぬ。そのひる頃より、火おこり、禁裏、仙洞はじめ、諸家人家社寺にいたるまで、おびたゞしくやけぬ、火事とはなけれども、大変をかねてしろしめしけん事、いみじく覚えしとなむ」（『閑窓自語』）とある。つまり霊元院が京都の大火事を預言したわけであった。

未来を予知する能力を王が持つことは、王権のもつ非日常性の属性として普遍的なものだろう。天皇がそうした力を持つと考えられたのは、古代の呪者的性格の残存だろうが、これが江戸時代にも記録されたことになる。何か異変が起こる前兆だと天皇の周辺で臆測されることはしばしばあった。たとえば、安永三年卯月なかば、夜中御所の上空を、手車をひくような物音がして、後花園天皇が怪しみ驚いた。空を見上げると鳩ほどの鳥が南をさして飛び去るのを見たという。この鳥は東山若王寺の深林にすむうめき鳥らしいという。この鳥が鳴くと、異変が起こるというので、宮中で内々の祈禱が行なわれたという。

また後桃園天皇の言に、禁中にはとかげが絶対にすまぬという。ところが安永七年の春、とかげが宮中の庭に出現した。前年の夏にも天皇が女御の許へ行く途中にとかげの姿をみたという。とかげが宮中に集まるとよからぬことが起こるという。事実、翌年後桃園天皇は二二歳の短命に終わるという結果だった（『閑窓自語』）。

天皇が潜在的にもつ霊力が異変を予知するという能力になり代るという現象は、本来王権に備わるものだったろう。異変を予知すれば、それを防禦する力が発揮されねばならない。未開民族の首長の権能のそういうものであったことは、宗教民俗学の成果が示している。

年号改元が天皇によって行なわれることは、そうした意味を考える上での一つの資料だろう。「年号と云は、四海のたましゐにて、吉凶これより起る事多しといへり、或は天子位につかせたまへば、年号をも改らるゝよし也、然れども能き時代なれば、其儘用ひらるゝ例古今連綿也（下略）」（『卯花園漫録』巻四）とあるように、年号はたんなる符号ではなく、その時代の命運と深く関わる。もちろん年号の制定は、公家の中から選ばれた諸家が知識を集めて定めたものを、天皇が紫宸殿にて最終決定して公開するのであった。改元については、その理由はさまざまだが、天皇即位と軌を一にするのが原則であり、異変が起こると改元がなされた。異変も大地震や悪病流行など災難の多い年の改まりが要求されたのである。

たとえば元禄一七年が宝永元年となったのは、前年関東に大地震が起こったため、諸家の執奏あるによって改元にふみ切られたといわれる（『塩尻』巻八）。

災難を幸運に転ずるため、年号を改めるのは、公年号制定権が天皇にあることによって、いっそう宗教的意味合いを濃いものにしている。つまり大地震などにより世界の破局があれば、別に建て直された世界を招来せねばならない。その力が王権に付与されているといえる。だから年号制定によって同時に災厄払いを発揮したことにもなるのだろう。

そのことは中国の影響をはなはだしく受けた革命の思想に対するあり方に現われている。干支でいう甲子辛酉の年に大変乱が起こるという信仰は、中国、朝鮮、日本において普遍的である。六一年に一度その年が訪れてくるが、そのときは凶事があり、天子の地位が危うくなるといわれた。その災厄の多い年にあたって、「禁裡には大なる御祈をなされ、諸事を慎せたまひ、臣は取分身の用心をいたさる」（『卯花園漫録』巻四）という事態であった。つまり災厄を除く祈禱が行事の中心となり、もっぱら禁裏は物忌みに入るのである。

これも変災を予知して防禦する霊力が、伝統的に持続されていたことを示しているだろう。だがこの場合にしても、王権の非日常性が荒々しく発現してくることではない。呪術の行使者としての天皇のあり方は、それ自身が強力な霊能を発揮しているわけではない。

たとえば災厄が直接王そのものに襲いかかることは、当然あり得た。天皇の住む宮殿に大火災が起こったり、雷が落ちたとき、どうなっただろうか、『譚海』には次のように記している。

其日の御番の神社へ勅使をたてられ、其社を御封じ有也、青竹にて神社の戸をとぢ、神主の者縛につく事也、扨日限有て閉門をゆるさるゝとき、又勅使来りて神主の縛をとき、勅使と同前に神前に行向て神社の門ひらくに、内陣の際の空地悉く春草を生じて有、わずかに一七日計の間をへし事なれども、草の高き事一二寸に及べる事とぞ、勅使此草を三茎切取て箱におさめ、持参して帰らるゝ也

災厄が生ずると、その日の御番にあたった神社を封じこめる。そしてそこの神主が縛につく。神社の閉門一週間があり、ふたたびその禁が解かれたとき、内陣の空地に春草が生えるという奇跡が起こったのである。

火事や落雷という災禍は、聖的な王にとっては、自からの律する小宇宙の破壊をもたらすものであり、邪悪なものとしてそれを除外すべき責任をおっている。右の史料をみると、天皇は御番の神主を縛につかして、禊浄の儀礼を行なわしめたことになる。縛についた神主は、天皇の身代り、あるいはその形式的機能を与えられたことになる。一週間の物忌みによって禊祓が行なわれたことで、罪悪は除かれた。そのことは、神社の門を開くと、わずか一週間のうちに青々と若草が生じたという記述によってうかがえる。大袈裟にいえば世替りがあったということになろうか。

天皇の個人的生涯での不慮の災難といえば病気であり、とくに流行病でも天然痘であった。疱瘡は疫神という最大の悪神が、外国より渡来してわが国に流行らせるのだという信仰があった。これを防ぐ力は、当然宗教的王である天皇に期待されたわけであり、天皇の詠む和歌が呪文なり護符として用いられたのである。天皇自身による祈禱、大社への奉幣などは、そのつど大規模になされたことの記録は、古代以来見出される。

しかし現実には、歴代天皇の疱瘡にかかり死ぬ場合もしばしばあった。近世においても、「先に後光明帝此病にして崩したまひ去々年東山院も亦同し病にして崩御あり（中略）今上の御母公も同じ月に疱瘡にて隠れさせましされは近年此病ことに凶にして大概死に至る去年庚丑初冬より此年春の間尾府下及在々の流行常にしもあらず」（『塩尻』巻三八）といい、天皇家の疱瘡にかかった事実が、悪病流行に大きな影響を及ぼすのだと信じられていたことが類推される。

天皇が疱瘡にかかったとき、次のような話が伝えられていた。

主人御疱瘡の御事ある時は、坂本山王の社に養へる猿の疱瘡すと云ふ亦帝王のもかさ軽けれは猿の病重く皇家重らせたまへは猿頓て快なるといひ伝へし実に一奇事といふへし後光明帝崩御の時坂本の猿軽き疱瘡なりしとかや今度新帝御医薬の時、山王の猿も亦もかさわつらひける被衣調せさせて、彼猿にきせさせ給ひしか程なく死けり帝はやかて御本復有しいとふしきなりけり（『塩尻』巻三四）

ここにみる天皇と山王の猿との関係は、猿が天皇の禊浄の代行者にあったことが明らかである。

猿は山王社の使令として信仰されるもので、日吉山王自体は、京都の伝統的な守護神である。猿が疱瘡で死ねば天皇の命は助かる、逆に天皇が重態になると猿は快方に向かう、という言伝えなのである。猿は一種の形代《かたしろ》であって、そこに災厄をこめてしまえば、王の命運の存続が可能になる、そうした論理がある時代にははっきり通用していたことを物語る史料といえよう。

近世の日本の王権に関する属性を、非日常性を前提に形成された宗教的霊威といった形でとらえた場合、以上のようなあり方を考えることができた。

きわめて明確なことは、現人神という架空の観念ではなく、いわば日本の民俗信仰の範疇で、この問題がとらえられるべき点である。その場合、原始・古代社会に形成された王権の一定のモデルの残存ないしその変化は十分考えられることであり、それは大嘗祭にみるような天神の司祭者的性格、疫病や災厄を払う呪者的性格が予想されるものであった。だがその呪力や霊力の発現は、決して絶対的な力を持つものではない。むしろたえず形代的な禊浄者を代置させることによって、禊祓を恒常化させていくことが、王権の継続に必要であったことがわかる。

このことはきわめて抽象化した次元で言うことになろうが、一つの形式としてのみ機能している霊能の存在を日本の王権がたえず必要欠くべからざるものとしていたことが明らかだった。そしてそれが民俗信仰の根生いのものであったことにより、両者のくさびの容易ならざることを知ってこれをふたたび分析の対象にしなければならないのである。

三　天皇信仰の性格

一　客人神と御霊

鹿児島県の離島の一つの硫黄島で、昭和の初めかつての庄屋の屋敷で、俊寛を祀っているとの伝承をもつ神祠を修繕したところ、祠の一番奥の壁の近くに、沢山の古鏡と金襴模様の衣類がでてきた。ところが古鏡や衣類がどういう由来のものなのか、村人は誰も分からない。ただぼろぼろの金襴の衣裳だけは、安徳天皇の着衣だろうという結論に達し、村人はそれで納得したという。硫黄島には、平家一門が流れついたとの伝説があり、一門の墓がある。その墓の中で一番大きいウーハカは、安徳天皇陵だと、信じられていたから、先のえたいの知れない衣類も、安徳天皇の着衣だということで落ち着いたのだった。安徳天皇のウーハカは聖地で、いろいろ霊験あらたかであり、沖を通る船は、かならず帆を下して、敬意を表したものだったと言われている（早川孝太郎『古代村落の研究』より）。

石川県の有名な加賀の白山の山麓の村々に、勅使村とか菩提村、御幸塚、法皇宮、法皇山などという地名が残っており、これらはいずれも花山法皇が位を追われて、北国に潜幸したことに結びつけて語られた地名である。すなわち寛和二（九八六）年花山天皇退位に追いこまれた後、三十三所観音霊場を開いて、それから加賀国江沼、能美二郡を訪れ、江沼郡那谷寺に留まり、やがてこの地で没したと伝える。菩提村という地名は、天皇を埋葬した土地であり、勅使村は、一条天皇がそのおり遣わした勅使の泊った所、はだし坂は、法皇の御在所の前を通るとき、人々が恐れて裸足で歩いた坂である等々、江戸時代に作られた文献にはそうした記事がまことしやかに記されている。花山法皇没後約二〇〇年後に作られたと思われる白山関係の最古の文献である『白山記』にも「或ハ禅頂法皇花山院参詣頓首せしめ給ひ、十善の五躰身を雲淡に曲げ、四海の君主其地に踏み給へり」とあって、花山院が白山に登拝したことを、わざわざ明記し、その権威づけをはかっている。

こうした天皇伝説は、貴種である天皇が放浪したあげく、当地を訪れ滞在し、やがてこの地に没したとし、その陵がかならず存在することを告げている。天皇は一生一代のものであり、生前に退位することはないというのは、明治以後の皇室典範の定めたもので、それ以前は、生前退位の場合がすこぶる多かった。しかも、その意志に反して退位させられたり、殺害されたり、自殺に追いこまれたり、退位に伴う悲劇性が浮彫りされてくる。崇神から大正天皇まで、歴代一一三名の天皇のうち、横死した者六名、廃立または強制譲位となった者一六名である。生前の譲位または退位は、六三名で全体の約五三％を占めており、自然退位で位を全うした天皇五一名を数えるにすぎない（松川二郎『天皇退位の歴史』）。

かくて追放された天皇が、貴種の身でありながら全国を流浪する運命に追いこまれる。中央の政治抗争の渦中に巻きこまれ、はなはだ不本意な生き方をした天皇が、退位した後全国の村々でてい重に迎えられ、ひそかに祀られるというモチーフが天皇伝説には、共通している。現実の政治次元の解釈とはちがって、その土地を訪れ、やがて死んだと思われる天皇は、そこの共同体の神として、その御陵が大切に祀られている。これは信仰次元の問題であり、明らかに歴史的事実とは異なる。

天皇伝説の背後には、貴種尊重の観念があるというのが、民俗学的解釈からの説明となっている。天皇家とそれに連なる権門勢家の者、武家一門の棟梁、高僧・名僧の類、これらは、一般民衆にとって貴種であり、はるばる中央から訪れた貴種は、客人《まろうど》としてもてなされる。天皇家はその頂点に位置するゆえ、いっそうのもてなし方をされるのだと理解されてもよいのだが、他の貴種と異なっていることは、その土地で死んで、その墓が想定され、そのまま伝承されつつかつ神聖視されたということである。いわば御陵信仰というべき内容のものが、類型的に存在している。

放浪する天皇が、元来その土地の神ではない客人神に成りえたということが、右の伝承をうらづける一つの説明である（和歌森太郎『天皇制の歴史心理』）。古代の王権は、異郷におもむくことによって、その神性が認められたが、特に古代の王は、介添として巫女を伴うあり方を示し、王はその巫女から霊力を附加され、その霊力を統轄する地域に及ぼす、いわゆる遊幸が行なわれた。古代の王による国見は、その典型であって、地域の小高い丘に上って、遙か遠くを見渡す。この国見を受けとめる地域の民衆は、春の農事はじめに先立って、歌をうたい、踊りを踊って祝うことを儀礼としてもっており、そこに異郷から貴い神が来て、一年の農事を守護してくれるという伝統的民俗信仰の中で、客人神をてい重にもてなす民俗を形成していたとされる。したがって農耕開始以前の国見が、天皇遊行にふさわしい折り目だといえよう。よく言われるように、明治国家のイデオロギー政策の一環として、天皇行幸が行事化して、これが成功したことや、第二次大戦後の各県別に毎年施行される国民体育大会に、天皇や皇族の臨席がつねに期待されている事実などに、古代王権をモデルに成立した客人神信仰の系譜を認めることは可能だろう。

だが天皇の国見を目的とした遊幸・行幸の伝承と、先に掲げた天皇伝説にみる御陵崇拝との間に微妙な差があることに気づく。すなわち天皇御陵伝説の成立は、あくまで退位した天皇の悲劇的な放浪が前提にある。貴種にはちがいないが、王位を追放されているから国見は機能として成り立ってはいないのである。客人神であるが、その神性は、逆に怨念をもって潜幸しているところから生じていると考えてよい。いったん横死したはずの天皇が平気で全国各地を潜幸して、その都度てい重にもてなされ、そこに葬られ崇拝されているのは、死後の御霊の霊力が強力なためではあるまいか。したがって村人は、そこで御霊を鎮めるために、てい重に迎え、てい重に葬所を設けた。本来客人神ならば、その地に永久に滞在するはずはないにもかかわらず、御霊が鎮められ、御陵としてその地に保存されるのは、それが貴種でありかつ客人神である以上に、霊力が強く働いたためであろうか。

二　天皇霊の根拠

天皇の霊力は、包括的に言うと天皇霊というものだが、その実体はかならずしも明確ではない。一つの見方として成り立つのは、天皇の非日常性的要素からの説明であり、これは王権一般論から説明されるものである。すなわちその特徴は、(1)非日常的な意識の媒体として働く。(2)文化を破壊し、自然の状態にあってはじめて得られるマナーを身につける。(3)そのマナーは、日常性に脅威を与え、おのずと反倫理性を発揮する。(4)日常性への脅威は罪の状況に転化する。それを王権が引き受け、災厄として祓う。これら四要素は、王権が非日常性を発揮する活力の源泉と想定されるものである。王の活力は、日常性を否定するわけだから荒々しく乱暴な行為が表面に現われる。だがこうした活力は、一方では部族や民族の災厄を一身に引き受けることによって生ずるもので、これが逆に王の権威を裏づけることにもなる。

右の王権論が単純に天皇にあてはまるかどうかは一つの問題である。たしかに神話時代の天皇には、凄じい活力がみられた。文献上の天皇霊の初見である、敏達天皇紀一〇年二月の「若違レ盟者、天地諸神及天皇霊絶ニ滅臣種一矣」という記事は、荒々しいマナーの発揮をうかがわしめる。だがこうしたマナーを附与された天皇の存在については、歴史時代に入ってからの天皇にどれほど附着しているかを十分うかがうことはできない。

むしろ「冷厳神の如し」と称される聖天子のイメージが理想として求められ、粗暴な行為を示し、能力を現実世界に及ぼす天皇は、時の俗的権力者に嫌われ、退位あるいは強制譲位に追いこめられたのである。

生々しい天皇霊の発現は見られないにしても、天皇は王権を持続させうる何ものかを持っていたことにまちがいはない。それは一体何であるのか。この点について、折口信夫は一つの定説を提示した。これは現在多くの人たちの共感を得ている、司祭者としての天皇の位置づけである。「天皇は瞬間瞬間に神となられるが、其より更に、神の近くに生活し、直接に神の意志を聴くものである」(「古代人の思考の基礎」)として、図のように図式化した。

このうち、aは天神、a′は天神の言葉を伝える地上の神。bはa′に仕える介添の女性。信仰的

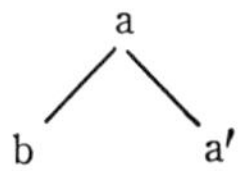

にはａの妻であり、現実にはａ′の妻、と考えた。この含蓄ある見解は、天皇がａ′であることを通して、天皇の司祭者としての性格を明らかにしている。ところがもう一つ見逃せないのは、ｂの存在である。ｂは天神の妻であると同時に天皇の妻であり、現象的には巫女である。ａ′とｂはつねに天神の近くにあるが、そのどちらがよりａに近いのかという宗教的機能が問題となる。

一般的通念から言えば、女性である資質からｂが神に近いはずである。ｂは巫女であり、神の託言をよく身につかせる能力がある。だから巫女王としてシャーマン的力を保持するのはｂであるはずだ。ところが男性天皇にも天神の託宣を受ける資格があると、右の図は示している。

宗教人類学者Ｒ・ファースは「神なる王」の性格について、次の三点を指摘している。(1)王自身が神と同一視されるか神に成る場合。(2)神が人間に化身する場合。この場合神と同一視されるわけではなく、神の容れものとなる。(3)神が短期間、王の肉体に宿り、その後王に少しの霊感を残すことなく去っていく。以上の三点は、折口信夫の説明する天皇信仰の構造にある程度適合し得るものといえよう（佐々木宏幹「祭司・シャーマン・王」『現代宗教』一号）。

(1)の場合、神と天皇とが同一視される現象は、しばしば第三者の側から成り立つものだった。天皇家の諸儀礼が、神秘的な神祭りに終始していることから、神に仕えること自体が、そのまま非人間的状況、非日常的要素を加味することにもなった。それ故一般人からみると天皇は神に近くなり、やがて神化した段階にとらえられやすい状態にある（拙著『生き神信仰』）。

(2)の場合、神が天皇に化身することは、天皇霊の存在から想像されることであった。天皇即位の大嘗祭の儀礼は、よくそのことを示すものだろう。天皇の死とともに、天皇霊はその肉体から去り、しばし浮遊して、しかる後、次の天皇に宿るというモチーフは、大嘗祭の儀礼の中核にある。有名な真床追衾は、その象徴的意味づけがあるだろう。真白い布に包まれた裸体の天皇が、霊魂の附着をうけて、再生することが明らかであった。即位式の構造から、天皇が神霊の容器として位置づけられるわけだが、即位後は、毎年の新嘗祭において、穀霊の再生をはかる司祭者として機能する。だが折口説によると、新嘗祭と大嘗祭とは、かつて共通する構造をもっていた。そこでは天皇霊と穀霊とが、合体することが予想されており、天皇自体は、容器であると同時に、司祭者として職能を果たしていることになる。このことは神の化身という表現とは若干ニュアンスは異なるが、神霊の化身であることを儀礼の中で確認することは確かなことであろう。男性天皇＝司祭者の性格に適応する説明づけといえる。

(3)の場合、明らかにシャーマンの性格を示すものであり、この性格は男性天皇にはない。しかし、ヒミコやヤマトトモモソヒメの例にあるような女王の存在、また大化以前に多くみられる女帝の存在と関わってくるであろう。折口説でいうbの位置が、a′に優越する事態は、明らかに存在したものと思われるが、男性天皇という大化以後の天皇のあり方は、明らかに、司祭者、神の化身、神と同体といった形が表面に出たものである。つまり天皇はシャーマン王ではなく、司祭者王ということになった。巫女が天皇に従属するという形式を明らかにした場合、シャーマン的女帝が継承されえなくなった理由を問わねばならないだろう。王が神がかりせず、司祭者として神に仕え、その資格を儀礼的に保証され、第三者からしばしば神人合一とみなされる。これが一つの天皇像を形成していることになる。

三　死と仏教関与

ところで天皇が天神に奉仕するという性格は、天皇の誕生以来その日常生活の中ではたえずくり返されているものだった。儀礼的には天皇が王として支配する領域からの要請から生じたものである。それはちょうど柳田国男の指摘するように、図式的には村の鎮守の神主さんが、秋の収穫祭に厳粛に前夜からつとめる行事と、天皇が、新嘗祭で演ずる行為とが、深い脈絡をもっていたのである。共同体全体において、天皇霊や穀霊を再生させるためのハレの儀礼は、とりわけ重要視されていた。村の神主にしろ天皇にしろ、個人的存在ではなく共同体全体の志向とふれ合うことが強かったのである。

ところが不思議なことに、天皇自身の病気や死期が近づくという場合に、今までの理解とは別な説明が必要となってくる。

天皇の不予、そして崩御ということに対して、皇太子つまり次の天皇霊継承者が確認されることがまず必要であったが、記紀類の文献では、初期の段階で天皇の身体上の危機に対して、どのような対抗手段をとったかを明記していない。仲哀紀では、天皇崩御の原因が、神の言に従わなかったためだと述べており、司祭者として神に奉仕する神人の性格は、この記述からもよくうかがえる。

ところが仏教伝来以後のあり方に大きな変化が見られる。山折哲雄氏がその点を注目して興味深い論を展開した（山折哲雄『日本人の霊魂観』）。つまり天皇が重病になると、「天皇の奉為に、出家して修道はむ、又丈六の仏像及び寺を造り奉らむ」（用明紀）という事態となったことだ。天皇個人の危機が迫った時期に、仏教が関与してくるというのは、それ以後あたり前の事実となって枚挙にいとまがないが、天皇の死が、天神によって肉体を見離されてしまったということに対して、仏教の呪法は、ふたたび天皇個人の肉体の復原につとめることに努力する。この場合、天皇霊の復活を意図する新嘗祭・大嘗祭の鎮魂術と仏教の呪法とが同質のものかどうかは判断しにくいが、「聖躰平復し、宝寿長久ならんこと」を祈願するについて、仏教が天皇家と密接な関わりを持ち、大いに教勢を拡大したのである。天皇不予に際して、仏事が優位を占めることは、天皇自らの霊力がすでに及ばざることの結果といえるのか、あるいは天皇の死ということが、天皇霊の再生が保障されている限りにおいては、単なる個人的肉体の交替ということであって、霊力とは無関係とみなされたためなのか。異教である仏教にたやすく死の儀礼を委託させてしまった古代社会の天皇のあり方は、一方に司祭者としての性格を考える場合に、大きな謎を秘めているといえるだろう。

天皇制持続の原理を科学的に考察する場合に、いくつかの観点が成り立つが、小論では、宗教史の枠内に限定しつつ、(1)客人神と御霊的性格の関連、(2)天皇霊の根拠の問題、(3)死と仏教関与の問題の三点を概略しておいた。天皇が日本民族と何故に不可分の存在であってきたのかということはたぶん潜在的心意の究明によって、次第に明らかにされてくるだろう。われわれはこの問題を客観的に把握する義務のあることに目をつぶってはならないのである。

四　カミとしての東照大権現

一　人神の成立

徳川家康は、元和二(一六一六)年四月一七日に死して、神となった。家康以前に、全国統一を目指した信長と秀吉も、それぞれ彼らの意志により神化しており、家康もそれに通ずるものがある。信長は生きたままで神格化を目指した最初の封建的統一者だった。天正一〇(一五八二)年三月甲斐の武田氏を滅ぼし、東国の平定が終わると、安土山上に総見寺を建立し、そこで自から神になって、人々に礼拝を求め、自分の誕生日を参拝日と定めたのであった。最高権力をもつ封建領主が、自己の強大な武力と財力を背景に、俗的権力を一切掌握した段階で、神化することは、人神の属性としてあり得ることである。日本の場合、信長が最初の事例となったのであった。信長の神化は、支配イデオロギーの武器として強力な形であり、彼の意図は、自から神化することによって、拮抗する反信長勢力そして強大な一向一揆のイデオロギーに対抗せんとするものであったといえる。

秀吉の時代になると、さらに統一君主として君臨することが強かった。秀吉は慶長三（一五九八）年に死んだが、翌年四月に、秀吉を祀る豊国神社が創建されている。豊国大明神と号されているが、秀吉が望んだのは、八幡大菩薩であったという。八幡信仰は、中世武士団に圧倒的であった。武士たちの統合的神格として、八幡はもっともふさわしかったにちがいない。しかし秀吉の遺志とは異なって、豊国大明神と称されたのは、吉田神道の強い介在によるものとされている。

二　東照大権現

さて家康の場合どういう過程をとったのだろうか。元和二年四月、家康は重病の身で、天命を知り、金地院崇伝、南光坊天海、本多正純の三名を枕許に呼び寄せ、遺言を与えた。それは自分の死後、遺体は久能山に納めて神に祀れ、葬式は増上寺で行ない、位牌は三河の大樹寺に置き、一周忌を過ぎたときに、日光山に小堂を建て、神体を勧請するように、それによって、死後関東八州の総鎮守となろう。また京都には南禅寺金地院に小堂を営み、所司代はじめ武士たちは、そこに礼拝せよ、という内容のものであった（『本光国師日記』卯月四日板倉勝重宛書状案）。

続いて吉田神道の神竜院梵舜を呼び、神に祀る方式をたずねている。一七日に家康が死ぬと、ただちに遺体を久能山に運び、一八日には廟地を定め、一九日には仮殿を造営した。

久能本社事・御社面・御弓・御矢・楯・鉾　此役者狩衣　神前面　散米加賀守　御鏡弥兵衛　御幣榊原内記　鈴予　御輿　供奉烏帽子以下　御弓　御矢　楯　鉾（『梵舜日記』）

これが家康を神に祀り上げる儀式次第だった。とくに御幣と鈴を振る役が重要である。鈴を振って鎮魂するのであり、これは梵舜自から当たっている。次に鏡を内陣に納め、散米をして、大麻で祓いを行なう。続いて「三種加持、三種大祓、百廿座誦之、次祝部降文」となる。祝部の述べた祝詞は、

謹んで白《もお》す　元和二年卯月十九日亥時に吉日良辰を定めて、太政大臣従一位源朝臣家康公の御形像を、駿州有渡郡久能の高嶺に、葬り奉り、御供御菜を備う。此の状を安けく鎮座し、天下静謐《せいひつ》・弥《いよいよ》繁昌長久の基を守り坐《ましまし》こと恐み申し奉る（下略）（『梵舜日記』）

という内容だった。家康の遺骸から魂を脱却させ、神体である木像に移し替えたのである。吉田神道流からいえば、家康は神化して大明神号が与えられるはずだった。ところが天海がこれに異議をさしはさんだ。これが日光改葬に連なっていく。すなわち天海は、家康の真意は、山

王一実神道によって、権現として祀られるべきものだったのに、吉田神道によってしまったことは、けしからないというのである。この背後には崇伝と天海の実権争いがあったのである。

梵舜の理解では、権現は、伊諾・伊冊両尊の神号で、両部の神である。一方明神は唯一の神で、魚鳥も備えられるし、潔粛参詣の点ではるかに便宜のよい神だから、家康の官位に相当する神号だというものであった。

崇伝は、家康の遺言が、神に祀られることにあったといい、「亡君豊国明神の近きためしを覚して、神にいははれ給はんとの御心なり、しかあれば唯一にいはひ侍らん」として、秀吉の神格化に連続する意義を主張した。

これに対する天海の主張は痛烈だった。「亡君あさ夕の御心には、御ぞうの久しからん事をねがひ給へり、彼神のぞうは、またり亡滅し侍れば、かれをばいませ給へり、しかるにかのあしき例をひく事、当家をうけへるにや（下略）」。すなわち家康は、神となってその神像が永久に祭祀をうけていくことを望んだのである。しかるに豊国明神は、豊臣家の滅亡によって、破壊されてしまったではないか。それは忌まれるべき前例なのに、それを踏襲して明神に祀るとは、何事かというのである。

崇伝対天海の論争はエスカレートしたが、将軍家としては、豊臣家の悲惨な末路を前例にもつゆえ、仮に家康を大明神とした場合、その記憶を容易に消すことはできない。かつて家康は、大坂の陣のあと、豊国社を破壊し、豊国大明神の神号を廃止させようと運動した経験がある。神である秀吉にかわって、自から神たらんとするには、前代の神的権威を否定する必要があったのである。そのためにも、大明神を称するより、大権現を名のるほうが、得策だったのであろう。結局天海の主張が勝ちを占めるに至ったのである。

次に大権現をどう表現するかということで、東照大権現、日本大権現、威霊大権現、東光大権現の四種から、一つを選択することになった。幕府はこのうちから東照大権現を選び朝廷に奉請して勅許を得たのであった。元和三(一六一七)年四月一七日、日光へ勧請の際、この名称は、勅使参向の下で、正式に家康の諡号《おくりな》となったのであった。

三　天海の実力

家康が東照大権現となった経緯は以上の通りであるが、不明な点は数多い。辻善之助が早くに指摘しているとおり、天海が根拠とした家康の遺言はいかなるものなのか判然としていない。天海は家康が病床にあって、天海をよび、天海の奉ずる山王一実神道を受け、これによって、死後子孫の延久を見守りたいという趣意をほのめかしたことになっているが、金地院崇伝の方はそのことを何も知らない。『本光国師日記』には、むしろ家康が梵舜を招いて、死後神に祀られるべき方式を問い、このことについての証人はあった。また当時神道界は、吉田神道を中心としており、天海の山王一実神道の存在は微々たるもので、およそ家康がどの程度これを認知していたのか疑わしいとされている。

とすると、「人ノ説ヲ屈スルコト神ノ如シ」（『新薫面海』）と称される天海の捏造とされなくもないが、それほどまでに実力を行使した天海の意図は何であったのか疑問となってくる。

晩年の家康は、浄土宗の源誉を退け、天海を寵愛していたという。天台宗を背景とする天海の自派拡張は大きな眼目の一つであった。慶長一八（一六一三）年以降、天海は日光山の支配を家康に任されていた。日光山は、古代以来の山岳信仰の地であり、日光修験の活躍とあいまって、関東武士団の崇敬を得る聖地であった。この地を確保した天海にとって、関東における天海の再興は当然考えられることである。この地へ家康の東照大権現を祀りこめることは、東日本での武家政権の安泰と、天海の天台宗拡大の意図とが一石二鳥となり、まさに図にあたった方針なのであった。

注目されることは、家康が神号授与する際、天皇の勅許によってのみ可能となったことである。この点天海は、朝廷側にうけがよかったといわれている。元和三年には、上皇の病床に招かれ、天台の秘法を行なったという説もあるほどだった。また家康の命を受け、朝廷との間の交流を繁くしていたのも天海であったから、神号授与についても、天海の説くところが、朝廷側にかなりの説得力をもったこともおして知るべしである。

そこで家康の表向きの遺言では、日光に死後一周忌を経て、小祠を建立すべしということだったのを、現在われわれがみるような壮麗な社殿に近い規模の日光東照宮に仕立ててしまったのである（現在の建物は、寛永年間家光の手による）。すべて天海の主導権のもとで、日光東照社正遷宮が挙行された。山王一実神道に基づき、中央に家康、左に摩陀羅神、右に日吉山王という、密教的色彩の濃い東照大権現が誕生したのである。

文字通り、東国を神威が照らす東の守護神であり、これで歴代の将軍家を守り、同時に天皇家を含めた公家たちを守り、反抗しようとする西日本の諸大名へにらみをきかす霊能が発揮されたのであった。

四　神君家康

東照大権現は、本来は徳川政権を永続させる支配イデオロギーの一環として政治的作為の上に創出された神格である。徳川家の先祖神という理念は、家康があえて源氏の系譜を引くという系図作りに熱中したことからも明らかなように、明確な系譜が公開されて子孫に継がれていくことを保証するためにどうしても必要だったのである。

三代目の孫である将軍家光は、祖父を祖先神としてこれをひときわ顕彰することにつとめた。神君の名が絶対的となったのは、この頃からである。家光の治世には、政権定着以前の不安定な要素が多くあったことが知られるが、この段階にこそ、徳川の支配イデオロギーの集約化が必要であった。日光東照宮の威名を誇らせ、さらに正保四（一六四七）年以後、朝廷から奉幣使が毎年派遣されることにもなった。ことごとに神君御遺訓が祖法として語られ、徳川武士の掟となる傾向が強かった。

延宝元（一六七三）年に、学頭敬諶なる者が、白昼夢に、家康の神像が膝の上に現われ、機嫌よく身体をゆすっていた有様を記している（『神徳集附録』）。家光もしばしば家康の夢を見ており、家康が人神化して依然生身の姿を示しうることを示している。

だが宗教現象として東照大権現をみるとき、神化の過程からも明らかなように、きわめて作為的な政治神として創出されている。東照大権現が、徳川家の政権維持の精神的支柱として働くことは、その後なされた東照宮造営と封建領主との関わり合いからも知れるが、はたして幕藩体制のすみずみまで浸透したかどうかははなはだ問題とならざるをえない。

一般に在地の神格としては、鎮守神や産土神が伝統的な存在であり、これらは封建領主の支配する地域社会ごとに民衆の支持を受けてきたものだった。東照宮は一道七十三国に勧請されたというが、幕藩体制下の民衆にはほとんど無縁だったようである。

たとえば相馬藩の事例をあげておこう。相馬藩の記録『奥相史』をひもとくと、各村にかならずといってよいくらい「東照宮小祠」の名がある。たいがいが小祠であり、「修営無く社地壇木あるのみ」という。『奥相史』の状況は、ほぼ江戸時代中期以降のことである。それは東照権現とも権現壇とも記載されている。

> 東照権現　梵天、北原邑赤坂にあり。（中略）往昔当邑にあり甚四郎なる者之を建つ、邑民その平地なるを憚り、隣邑の高地赤坂に勧請せり。宮無く古松一株あり周九尺。八月十六日之を祭り梵天を松下に納む（『奥相史』萱浜村の項）。

甚四郎なる者が、いつの年代かはっきりしないが建立した。それを後に、平地から高台に勧請したと伝えている。神体は梵天で松の木が神樹とされていることも分かる。「東照権現堂、権現下にあり。社頭に松の大木あり。戸屋ケ森と名づく。毎年八月十七日、これをまつり、闔村の者、神酒を上りて参詣す。別当山上邑修験万蔵院」（前掲書、宇多郷今田村の項）。この記事にも、松の大木があり、こんもり繁った森がある。村の中の古祠であったらしい。権現下というのは、高台の下に位置するので、権現山という小山が近くにあったことをものがたっている。このことからよく分るのは、中郷雫村の例で、ここには、「東照権現小宮方八寸神幣、権現下にあり、里社。三月十五日、九月二日之を祭る。高山に鎮座す平地より十六丈許、則ち権現山といふ山東は権現下、西は上迫田山畑、北山畑地なり。海上の大船相馬の長峰を唱えて目印となすといふ。別当大悲山宝寿院」と記されている。東照権現の背後に権現山という高山があり、その里宮として位置づけられていることになる。さらにこの権現山は、海上から望見すると目印となったというのだから、航海神、漁神として古くからの信仰対象となっていたようだ。

宇多郷小泉村にある東照権現は、やはり高地にあり、これを御壇と称した。社地は広く、そこに踊場があって、獅子舞がなされた。この獅子舞を御壇の獅子といい、神祭りや雨乞い、日乞いのときに行なわれたという。初代の相馬藩主以来の故事だといわれていた。

この東照宮はこのあたり一帯（中村城下）の総鎮守であったらしいが、いったん宮祠が破壊されていたのを再建したものだという。別当安楽院が自力で再建できず、寄附金を集めて、新造したのが、寛政七（一七九五）年であった。つまりそれまで東照権現は廃祠になりかかっていたのである。東照権現を名のるからには、神君家康を祀るという認識がないわけではない。初代藩主が東照宮を勧請したと伝えてはいるが、初代藩主は家康が死ぬより前に没しているから、これは明らかに捏造なのである。

注目されるのは、この権現壇で獅子舞が施行されていたことである。獅子頭を権現と称することは、東北地方によく知られている。古くから悪霊除けの霊験が効かであり、獅子頭を権現として村の旧家に祀りこめる風もあった。

民間信仰の中では、東照権現より獅子頭の権現の方がはるかに強く位置づけられていることを示している。村に古社として権現があって、その来歴が不明であり、あれこれ探索した結果、東照権現の名称が採用された時期があるのだろう。相馬藩は、近世中期には吉田神道がかなり影響を与えており、藩主が神に祀られる事例が多く出た。そうした中で東照権現も、主として天台宗系の修験によって吉田神道への対抗上近世中期以降に作られていった節があるのである。一般民衆にとって東照大権現の直接的な霊験が示されない限り、かならずしも宗教性を帯びた神格として受け止められないことは明らかであった。これが政治神としての東照大権現のもつ限界でもあったといえるだろう。

五　人を神に祀る民俗

一　地蔵になった人

最近NHKテレビで放映された番組に、「地蔵になった男」というのがあった。長野県下伊那郡松川町生田という飯田市に近接するひっそりした山間の部落での話だが、二年前生田出身の宮沢芳重という老人が、東京の文京区本郷根津で人知れず病没した。遺骨は生田の先祖代々の墓に納められたのだが、やがてこの老人に似せた石地蔵が彫られ、村の一隅に安置されたのである。芳重地蔵と呼ばれ、ねんごろに供養が営まれる場面がテレビに映し出されていた。

なぜ芳重老人が死後地蔵になったのであろうか。芳重老は幼少のころより大の学問好きであったが、周囲の事情が学問で身を立てることを許さず、ついに単身村を出て、上京し苦学の途に入る。苦心惨憺の生活であったが、東京理科大学や研数学館で数学を勉強する。昼間は労務者として働き夜学に通い続け、かせいだ金はほとんど全て書物を買い求めていた。しかも無差別な購入ではなく、数理哲学の文献を軸とする体系だったものである。買った書物は飯田市に寄贈されていた。この老人には生涯の理想があった。それは地域社会に密着した大学を創設することであり、これらの書物は、大学が完成したあかつきには図書館に収蔵されるべきものであった。

芳重老人の夢はついに現実のものとならぬうちに終わったが、芳重老の生前の生き方は凡人に真似のできぬものである。いわゆる篤学の士は多いが、彼のように生涯を貫いて理想の実現のために献身した人は少ない。しかも郷土のために身を尽くしたのであるから、故郷の人たちはこれを徳と思い、思慕の念を新たにして異郷の地で死んだ老人の霊を供養する意味を地蔵にこめたのであろう。芳重老は死後人間の世界を離れ、人々から祀られる存在となった。

人が地蔵に祀られるという現象は、日本人の信仰体系の中では、必ずしもとっぴなものではない。吉展地蔵が最近の代表例で、昭和四一年に建立されている。昭和三八年春に台東区で起こった幼児誘拐殺人事件は今も記憶に残る犯罪である。三歳の被害者が誘拐され、ゆくえ不明のまま二年を経て、南千住円通寺の他人の墓中から遺体が発見された無惨な事件であった。幼くして非業の死をとげた吉展ちゃんの菩提供養の意味で地蔵が祀られ、回向する人々は今も跡を絶たないという。地蔵は南千住の円通寺と回向院にある。

これに類した事例は、特に交通事故で生命を失った子供を地蔵に祀りこめる場合に多くみられる。東京都文京区駒込にある地蔵堂には、地蔵のそばにオカッパにセーラー服姿の童女二人を浮彫りした石碑がある。昭和八年の建立だそうだが、二人の女学生が一一歳の時に付近で交通事故にあって死んだのち菩提供養のために建立されたものという。いわば現代の庶民信仰の一つの現われとみてよいのだが、交通戦争が現在のように異常に高まっていなかった前代の信仰生活の中にも、人が地蔵となっている例をいくらでもみることができる。東京都港区芝愛宕下の青松寺には奴地蔵なる地蔵が祀られている。この地蔵の前身は江戸時代の旗本松平越後守に仕える槍持の芦田勘助であったという。代々松平家には家宝の大身の槍があり、穂の長さ四尺三寸、柄の長さが九尺で、目方が一〇貫もある長くて重たい槍であった。よほどの強力者でなければ持つことができない。その槍持である勘助は音に聞こえた無双の者であるが、あるとき考え、この槍のためにのちのちの槍持が難儀するだろうと、思いきって三尺ばかり柄を切り放してしまった。これが越後守の怒りに触れ、ついに勘助は切腹する破目になる。死にぎわに、勘助が遺言したことは、自分は痔の病で永年苦しんできたから、痔病で悩む者が自分を祀れば、きっと痔を治してやる。そのかわり酒を手向けてほしいとのことであったという。以後勘助の墓に詣でる者が跡を絶たないので、寺では地蔵に祀ったのだという。何とも馬鹿馬鹿しい話に聞こえるが、痔病で苦しむ者の遺言で、死後、痔の神になったという民俗はほかにもあり、当時の信仰形態としては決して異常なものではなかった。

人が地蔵になるという場合、当然地蔵信仰の側からの説明も必要だろう。仏教上の地蔵信仰の機能には代受苦があり、地蔵が身代りとなって苦しみを救ってくれると信じられている。その際地蔵が変身して人にかわり、この世に現われて困難から助けてくれるという内容で地蔵縁起が語られ、これは民間信仰の中でも大いに浸透したのである。地蔵と子供との結びつきは、地蔵が童子形をとることからもとりわけ強調されており、子安・子育てなどに霊験あらたかで、子供の守護神と信じられている。

いわば仏教の日本的展開の一環に入る民間信仰といえるのだが、たまたま今までの事例は地蔵に祀られた場合だけをあげてきたけれども、一般には人を神に祀るという日本の伝統的信仰のあり方からも吟味しておくことは必要だろう。

たとえば交通事故死した子供の霊を地蔵に祀るということは、観音信仰にも当てはめられる。生前の写真の顔に似せて観音像を彫り、子を失った親に贈り続ける篤志の彫刻家がいる。雨村徳光という人で、愛児観音と名づけている。たまたま個展を開いていると、出品の観音像を通りすがりに見た一婦人が、一年前に交通事故で失った子供の面影を見た。それが縁で、その婦人のために観音を彫ると、次々と同じ心情の人たちが観音像を求めてきたという。非業の死をとげた子供の霊が観音像にこもり、よみがえっていると信じられた事例である。観音や地蔵は、歴史的にも古くから民間に浸透した仏菩薩であるから、人間の霊がそれに付着すると考えることに、祀る人間の方で一向に違和感をもたないのである。

日本人の霊魂観について深い洞察をした柳田国男は、魂がこの世に戻るという信仰をしきりに説いた。これは仏教でいう転生の思想ではなく、ウマレカワルという考えに基づいている。肉体と霊魂は生前もしばしば遊離するが、死後は完全に分離する。とりわけ幼児の霊は若々しいので、容易に次に生活すべき容れ物を求めて浮遊している。幼児の墓が大人の墓としばしば区別されているることもその点を物語るものである。大人とはちがって、すぐにこの世に再生できるようにといの意図から発して子墓が設けられており、その葬式の習俗にも特異な例があることが知られる。柳田国男は、たとえば幼児の埋葬にあたって、魚を持たせるとか、紫色の着物を着せるとか、また子墓の上を若い女性にわざわざ踏んでもらうといったことは、七歳までの子供が神であるという認識を共通の根にしているからで、決して仏教方式に基づいた葬法をすまいという考えの現われとみている。つまり、すみやかにこの世に再生してほしいという伝統的思考が表明されているのだという。子を失った両親が、その子がどこにウマレカワルのか知るために、手のひらに字を書いておくと、次の子供に必ずその印が現われているという話は、古老たちがよく物語ったものである。多くは先祖の生まれ変わりとして跡継ぎが誕生してくるのがならいで、祖父が孫に生まれてくるのが一般的だったろうと、日本の祖霊信仰の特徴から指摘される。ただ非業の死、現代では交通事故死などで死んだ幼児の霊は、それを思う親の気持の切実さにひかれて、この世に面影を似せた形代《かたしろ》として現われてくる。これは柳田国男の説く祖霊信仰とはややニュアンスの異なるものだが、再生を念ずる心意は共通するだろう。

観音や地蔵がその形代として利用されているわけだが、それはまた若々しい霊のために一層強く祀られ、ほかの子供たちを交通地獄から守ってくれる守護神として崇められてもくる。この段階で人が神に祀られるという習俗が成立するのである。

二　御霊と和霊

日本人の信仰体系の中で、とりわけ注目されるのは神観念の問題だろう。日本の神がゴッド（God）ではなくスピリット（Spirit）であるという認識は古くからある。山川草木、鳥獣に至るまでそれらに精霊の存在を認めるのは、人類一般の思考だが、その中でとりわけ人間のうちですぐれて徳があり、尊い存在をカミと称しているというのは、本居宣長が指摘したことだった。人間の霊を神に祀る契機は、その人が人並み以上にすぐれて徳があり、尊ばれるならば、神に祀られるということで、江戸時代には仁義礼智信の儒教の徳目をよく実行した者が、生前中に木像に彫られ祀られた例は多い。松平定信などは代表例で、みずから「我は神なり」と断じて、家臣たちに礼拝させたことが記録に残っている。よく全財産をなげうって世のため人のために尽くした人の功績が後世石碑などにたたえられ、その祭りが施行されるなどという例は、この人神の系譜を引くものだろう。冒頭にあげた信州の芳重地蔵などは、生前の執念もさることながら、後世の鑑となる生活ぶりをたたえて地蔵に祀られたのであり、やはり人並みすぐれて徳のあった人が神になった宗教現象と解されるだろう。

さて幼児の例はさておき、生前に猛烈な恨みを残して死んだ者の霊を御霊と呼ぶが、この御霊の発現も人神のあり方の中で見逃がすことはできない。これは本居宣長の指摘した生前徳にすぐれた人物や、柳田国男が指摘した代々子孫によってでい重に祀られる祖霊に対する信仰とは異質な内容である。御霊信仰史は、日本人の信仰史の中でも特徴ある位置を示す。歴史的には御霊が出現する現象は絶えず社会不安に対応していた。古代・中世の社会では、政権抗争の結果暗殺謀殺された者の霊が恐るべき祟りを敵対者に及ぼしたことは、道真の御霊などでよく知られている。天災人災全てが御霊のせいだと当時の人々は考えていたのである。この現象が近世に入るとがらりと変わる。もちろん前代の暗い御霊のイメージが消失したというわけではないのだが、祀り手の方の御霊の受け止め方に、ただ恐怖感に基づいてひたすら祀りこめるといった考えとは別の宗教意識が生じている。一口で言うと和霊（御霊が鎮《しず》まったのちの人霊）の信仰であり、発生当時は祟っても、すぐ鎮め祀ればおだやかとなり、恵みを与えてくれる守護神へと昇華する人神が出現してきた。文献上では江戸初期に祀られたおさんの方と呼ばれる女神が、初めである。おさんの方は縁起では備後福山の藩主水野日向守の奥方だそうで、寛永一一年八月八日亡くなった。そのおりに自分は大変歯痛で悩み苦しんできた。だから同病に悩む者があれば、死後私を祀り、願を掛ければ、必ず治すという遺言を残したという。生前の恨みといえばおさんの方は歯痛の苦しみであった。その恨みが残って一種の御霊となるが、遺言と称する筋書があって、それで恨みは消え、歯痛治しの神に転化する。おさんの方はのちにおさん霊神ともおさん地蔵とも呼ばれ、後者の名称の地蔵は港区芝の長善寺に残されている。同工異曲のモチーフをもった縁起は歯痛の神や頭痛の神、痔の神、咳の神などに付会され、日常よくかかりやすい病気を治してくれる神仏として祀られる傾向があった。前にあげた奴地蔵なども、同じ系譜に位置するもので、痔の神として祀られるに至ったのは、主君の立腹を受け、横死した奴が遺言として生前痔を苦しんだことをあげ、同病にかかった者を救わんと述べていることに祀る人たちの信仰があったわけである。すなわち御霊を鎮めれば、別に恵みを与える機能が発揮されてくると信じられたのである。

ただこの場合、和霊として現われた人神の霊験は、現世利益に基づいた病気治しのことにのみ集中している。病気の種類の数ほど神々が誕生している。まさに祀り手の方の欲望が多様化すればするほど、それにそって生み出されてきた神といえる。ここには徳目の高い人間が尊ばれて神になるという感覚は生じていない。また絶対的な権威をもって信者に対するような神格でもない。人が神になる場合にでも、人生の苦悩を共有できるような心情で結ばれ合った仲間がひとたび死んだ場合、同病者に恵みを与えようとする。人生の救いということが、日常のごくありきたりの生活意識の中で果たすことができるような連帯感で結ばれ合った中で、人が神に祀られていく。こうした神格は一見ひどく低次元の問題の中に落とされてしまうかも知れないが、少なくとも民衆が創り出した神であり、しかも多元的な価値感を前提としている意味において、日本人の豊かな宗教感情に支えられたものとして評価され得るものだろう。

三　神となった義民たち

さて最近の歴史学界で注目されているのは民衆思想の問題である。その中で当然、民衆の宗教思想も採り上げられているが、ここにも人を神に祀る問題がクローズアップされてくる。その端的な例は義民伝承にまつわることで、最近の郷土史研究の水準から行くと、村の大地主や名家の偉業を採り上げるより、村の苦難を救うために身命を捨てた義民を発掘し、その業績を記念しようとする民衆史観が軸となっている。そこで一揆が起こった地域では、一揆の指導者が処刑されたのち、どういう伝説が形成されてくるのか問題となる。一揆は必ずといっていいほど挫折した。そして指導者は処刑され、憤死した。当然恨みは残り御霊となる。御霊は祟りを示し、為政者や自分を裏切った仲間に復讐をとげようとする。その祟りは多く稲作の虫害となって現われている。農作が不順となるのははなはだ困ることだから、そこで宗教者が招かれ御霊を鎮める。鎮められると、今度は逆に村の平和を守る神または地蔵などの仏菩薩として、村人から毎年祀られるようになる。時には歯痛の神だとか頭痛の神として霊験あらたかであるといわれる。

こうなると義民が神に祀られるモチーフには一定の型が存在することに気づくだろう。つまりこれも御霊→和霊（霊神）で、現世利益信仰を機能としてもっている人神に位置づけられている。民衆運動を反体制運動として把握する視点は明確となっているが、その際に義民が人神となることは、それが神として世直しの力を発揮するかどうかに関心が湧いてくるだろう。藩権力の強大なしめつけに対し、租税の軽減や悪税の撤廃を目指して、義民は立ち上がるが、その際に世を変革させようとする世直しという意識が潜在的に存在することを指摘する研究は少なくない。ただそのことが人が神になる前提として働いたという実例は寡聞にして知らない。『鴨《かも》の騒立《さわぎだち》』という三河の一揆を描いた有名な記録に、世直し神の観念があったことはしばしば指摘されているが、何某誰兵衛が世直し神を名乗って、民衆を組織したわけではなく、群集の先頭に世直し神がいたらしいことを物語っているだけで実態がつかめてない。江戸で起こった有名な天明の打ちこわしの一件では、打ちこわしで激しく行動する群集の先頭に、大入道と美少年の姿がつかず離れずあったという記録が残されているが、これは一種の幻想のようである。この打ちこわしが結局組織化されず集団行動としてはごく初期の単発的な騒動として終わってしまったことを暗示するかのようでもある。これは結局日本人の世直しに対する観念の仕方と深くかかわってくるのだろう。ただその際、人神のあり方においても、多元的な人間の感情に応じて多彩な実態を示すとしても、この世の中を変革させるような強力な人神の出現が明確ではないという特徴を予測させることにもなりそうである。

四　生き神教祖

人が神になるという現象を考える上で、もう一つ見逃がせない事実は、宗教民俗学者フレイザーの表現を借りると、一時的な人神ということである。いわゆるシャーマンの宗教的な行為から説明されているもので、シャーマンが神がかりをしている段階が、信者にとっては非人間的な状況にうつるから、神がかりをしているシャーマンを神として祀ることになる。実際日本のシャーマンは神の託宣をする巫女で、宗教学的には神霊を一時的に自分の身体に憑依させる型のものが大部分を占めている。諸民族には必ずシャーマンの存在が認められると現在は考えられているが、シャーマンの型は日本のような憑依型のほかに脱魂型がある。これはシャーマンが自分の魂を肉体から遊離させ天界や地下界へ飛翔させるというものであり、日本には少ない。

日本のシャーマンは現在も多く、東北地方のイタコや沖縄のユタ、あるいは山伏の系譜を引く山岳行者などにみられる。彼らは信者の求めに応じ、一時的に自分の守護霊を招き寄せ、身体に憑依させ、託宣をする。その限りにおいて、一般人からみると神のように崇められている。しかし憑依の状況が終了すると再び元の人間に戻って日常生活を送っている。

こうしたシャーマンの中から、単に一時的な人神という状況だけではなく、恒久的に神格化してしまう場合があり得るかどうか、日本人の人神の観念からすれば、当然考えておく必要があろう。新興宗教の教祖がよく生き神と崇められる例を聞くが、はたして信者との関係に、恒久的な神として祀られているという認識があるのかどうかは疑わしい。たとえば天理教の中山みきは、初期の段階で山伏の憑《よ》り台つまり神霊を宿らせる巫女の機能があったことが知られる。教団化して教祖となってからも、「いりこみやしろ」つまり必要に応じて神を憑依させる型のシャーマンであり、いわば一時的な人神の範疇に属するといえるだろう。つまり神がかりが終われば、教団のシンボルとしての地位はあっても、神ではなかったといえるだろう。

梅原正紀氏の研究によると、教団の教祖の中で、みずから神であると表明し、全く一般の日常性を否定するような生き神はほとんどないが、若干例として、霊波《れいは》之光《のひかり》教会・光妙《こうみょう》教会・璽宇《じう》教・大元《おおもと》密教の教祖たちが指摘されている。この中で光妙教会の教祖江口八重は弥《み》陀《だ》本願《ほんがん》御生体如《ごしょうたいにょ》来《らい》と自称し、宇宙の中心そのものだと自覚しているという。みずからがやたらに移動すると、宇宙の中心が変動し、天体の運行やら、地上の動きに悪影響を及ぼすとして、家から外出することを拒否しているという。シャーマンが自己規律を作る、つまり教理を信者にみせることで、教祖信仰を形成させた場合に、神がかりの傾向は減少するのが通例であり、教祖の霊能に代わって教理が正面に出てくる。生き神の観念はその際実態として存在するとすれば、どういう形をとるのかは、やはり個々の教祖のケースを検討してみないとわからない。

今まで述べてきたように、日本人の信仰の中で、人が神に祀られるという傾向が目立つことが知られるだろう。神と人間との間に際立った隔差があまりみられない。こういう点は、キリスト教国には考えられないことである。人が容易に神化できるということは、日本に豊富な神々が創られることとなった。隣の八さん熊さんが何かの具合で神格に崇められる機会があるわけである。ただ神に祀られるための条件の一つは、生前何か恨みを残して死んだ者で、もちろん恨みには千差万別あろうが、その恨みをよく理解できる人たちが、後世その人の霊を神に祀る場合が多かった。また恨みではなく、人並みはずれて徳の高かった者に特別の霊力ありと認める人たちは、生前の功績をしのんで神に崇めることもあった。生きた者が神格化する例は稀で、神と人との媒介者であるシャーマンが一時的にそう思われる時があったが恒久化され得ないものである。このことは戦前、天皇が神格化されたということが、いかに一般民衆の神観念と異質なものであったかを物語ることにもなるだろう。

六　流行神の性格

一　流行りだす神々

諺に「小豆餅とハヤリ神は熱いうちばかり」というのがあるが、流行神の性格を的確に言いあてている。流行神はパーッと広まり、アッというまに衰える、いわば文化現象の流行を文字通り神仏信仰にあてはめたものなのである。

明治二、三〇年代の岩手県遠野という日本の典型的な地域社会の口碑・伝説の類を集めた柳田国男の名著『遠野物語』に、いくつかそうした流行神の事例がのせられている。

遠野地方では、清水のハヤリ神が諸所に現われたというのである。これが大変な人気をよんでいた。土淵村栃内の鍋割という所の岩根から、一夜のうちに清水が湧き出てハヤリ神となったという。また同じ村内で杉の大木の根元から一夜のうちにこれも清水が湧き出て、しかもこの泉は万病に効くというので、一日に百人近い参詣があったという。そこで一時その水を汲んだ浴場が作られたが、二、三カ月で人気がなくなってしまったという。また松崎村の天狗森という山の麓に清水が湧き出ているのを、老人が発見し、これを黒蛇の霊験が効かな水だと言い触らしたらば大評判となり、一日平均百人の参詣があったという。この清水の由来は、その老人が山中でにわかに足腰が立たなくなり、草の上に突伏していたところが、この清水が近くに湧き出していたのに気づき、これを飲みかつ病む箇所に塗ったところ、たちまち身体の病みが去って、気分もさっぱりしたという。この話を聞いてそんな馬鹿げたことがあるものかと、村役場の若者が、わざわざその山へ調べに行ったが、清水の近所までくると、たちまち身動きできなくなって、かたわらの草に打ち倒れた。口だけは利くことができたので、案内の発見者の虎八爺に助けてくれと頼むと、お前の邪心は許し難いが、せっかくの願い故助けてやる。今後は決してかような慢心を起こしてはならないと戒めて、その清水を飲ませた。するとすぐに身体の自由が利くようになったということである。だから霊験はさらに広まっていったのであった。

この清水の信者に土木業の監督をしている人がおり、清水を拝みに行った。その話によると、泉の水を筆に含ませて白紙に文字を書くと、他の文字は書いても読み難いが、ただ一つ早池峯山大神と書くときだけは、少しも紙に水が散らないで、文字も明瞭で美しい。故にこのハヤリ神は早池峯山の神に因縁があるのではないかという。はじめ発見した虎八という老人も、黒蛇大明神と声を張り上げて祈禱していたが、後には早池峯山大神と唱えるようになっていたそうである。

ハヤリ神が出現するときには、方々に引き続いて出てくると柳田国男は指摘している。この清水のすぐ後には、綾織村に出た。これを祀っているのは老婆だという。ハヤリ神には願掛けするのがふつうだが、先の黒蛇の清水には、鍋の蓋に種々の願文を書いて奉納している。これは、鍋蓋をとって湯気の立ちのぼる間際の一番新しいところという気持にもとづいているそうである。

以上が遠野で聞かれた流行神の実態だが、こうした現象面は各地で共通している。ここの事例では清水の由来が強調されており、その奇蹟が語られている。この発見者の虎八爺の素性がはっきりしていないが、ご祈禱などをする信心深い人であったようだ。山中で異常体験をした結果、清水に神霊がこもると感じ、霊験を語ったように見受ける。黒蛇大明神から早池峯山という、この地域で霊能の高い山神を引っぱってきた作為もある。

だが重要なことは、この霊験を信じて、連日多数の人たちが集まってきたことである。現代の昭和五〇年の夏にも、同じように流行神が盛行したことが、新聞や週刊誌などを賑わしたことは注意される。一つは茨城県北相馬郡守谷町高野というごくあたり前の一部落に現われたお化け不動の話である。この村はわずか二〇世帯。そこへ昭和五〇年八月の一ヵ月間に四〜五〇万円のお賽銭がどっと集まったのである。村の公民館の隣りに不動明王の石碑がある。明治二一年に村の成田山の信者が成田参りをした折に、成田山の土をもらってきて、それを土台にして石碑を建立した。お不動さんの絵像が石に彫られている。これだけならどこにも見られる何の変哲もない不動明王の姿である。ところが七月のある夕方、村の小学生の女の子が珠算塾の帰り道に、その石碑の前を通ったとき、ふと碑面を見たら、そこにお化けの顔を見たというのである。何とも他愛のない話だが、それがきっかけとなって、村中の噂さとなり、近村にパーッと広がり、連日お化けの顔を見に、車にのって大勢の人たちが押しかけてくるという。一日八百台の車で、五千人が来て、約一万円のお賽銭を置いていくという。お賽銭箱も新調され、参詣人の車のために駐車場もできた。さらに焼きそば、焼きいかの屋台も並ぶという始末。このお化けの顔というのは、子どもだといったり、男だ女だと意見が分かれているが、見えたという者いや一向に見えぬという者もあって分からない。どうも夕方の光線の具合で、碑面の凹凸が人間の顔らしく見えるときがあり、それをお化けと錯覚したのだろうというのが真相らしい。馬鹿馬鹿しいといってしまえばそれまでだが、連日五千人もやってくるという異常なブームをどう理解したらよいのだろうか。

山口県大島郡東和町で明治末期に起こった流行神について、それを体験した民俗学者宮本常一氏の報告がある。村に美男子の大工がいて、旅の途中で女をこしらえたが、しばらく同棲した後、女を捨てて村へ戻った。大工には村に妻子がいたのである。捨てられた女は、男の後を追い、村へ来たが、だまされたことを知って、怒って狐をけしかけた。その祟りで、大工の足がくさりはじめ、女の魂が火となって、大工の家の屋根の上をとびまわったという。狐が憑いたのだと言われ、この狐を鎮めて小祠とし、大工の家の畑の隅の松の木に祀った。ところが誰ともなくお参りする人があり、赤い幟が立つようになった。だが人目に立つような神ではなく、そのまま放置されていたのだが、それから三〇年ほどたって、胸を患った娘が、ちょいちょいその祠にお参りするようになった。たまたま体調を悪くしていた宮本氏も、時折その祠の附近をブラブラ散歩して、お参りしたことがあったが、村の噂に、宮本の息子があの祠にお参りしたらば病気が治った、といわれるようになったという。ほどなく目を悪くした二人の中年の男が、この祠を信心するようになった。この男たちは、いずれもお人好しという評判で、財産をすっかり失くしてしまった者たちだった。二人で毎夜大声で、この祠の前で般若心経を唱え、その声が遠くまでひびきわたったという。そのうち一人の方に神がかりがあるようになった。いろいろ託宣をのべるから、さらに人集まりが増加し、その頃になると、祠の前にトタン屋根の拝殿ができ、赤い鳥居も作られた。名前も荒熊神社となった。

この話は、明治末年から大正・昭和を経て、一小祠が流行神として近隣に知られるようになった経過をよく物語っている。

だがいったいどこに原因があってこうも流行したのか、客観的な理由づけは難かしい。流行神の信仰は、くり返し起こり絶滅はしない。ただ共通していることは、遠野地方の流行神には祈禱好きな老人がおり、お化け不動には小学生の女の子、山口県の場合には神がかりした中年男が、発端の場面にいたことである。宮本常一氏は面白いことを指摘している。それは流行神が起こる場合、女性が最初にさわぎ出し、中心になるのが男性であると。流行神の最初の奇瑞について、これを語り易かったのは霊界の暗示にかかり易い女性または子どもであったろう。暗示をうけてまことしやかな霊験譚に仕立てて宣伝したのは男性の方だったという推察はある程度納得されるものである。

二　熱狂的な群集

流行神には、群集の熱狂的な参詣がつきものである。大がかりになると歌舞・乱舞がある。歴史上に名高いのは、古代皇極期の常世神であり、これは長さ四寸ほどの親指大の蚕に似た虫がご神体だった。東国の富士川のほとりに忽然と出現し、都へむかった。巫覡たちの神託も加わって、常世神を祀れば、富貴になると説かれ、民間信仰として大きい勢力をもった。当時の状況は「歌い舞ひて福を求めて珍財を棄捨つ」という熱狂ぶりだったのである。

続いて一〇世紀の段階に、天慶八（九四五）年志多羅神上洛の一件があり、これも注目される流行神となっている。志多羅と称する三体の神輿をかついで、人びとが集団となって摂津国から、京の石清水八幡宮を目指して上京してきた。大群集が歌い踊ってやってくる状況はすこぶる壮観なものだったにちがいない。

柳田国男は『石神問答』で次のように言っている。「設楽神が鎮西より上洛したりとては、男女老幼狂奔して之を迎へ候者都鄙に満ちたるやうに候が、過ぎての後は夢のやうに候はんも、其折に際しては渇仰の情極めて強烈にして他意左右を顧みるの暇なかりしなるべく」、そしてつけ加えて、「多数民衆の心理には究意不可思議の四字を以て答へざる能はざる現象比々として多し候」と。

熱狂的に信仰している最中は、何がなんだか分からないでいる。過ぎ去ると夢のようなことになっている。こうした民衆心理は、不可思議としか言いようがないというわけだ。

そうは言うものの、熱狂的な神仏信仰の背景には、必然的な条件があったことはある程度推察できるだろう。たとえば常世神出現に際しては、「移風之兆」という変動期が予測され、事実その直後に大化改新があった。

志多羅神についても、上京の翌年に天慶の乱が生じている。応徳二（一〇八五）年の福徳神にしろ、近世初頭の鍬神信仰にしろ、幕末のええじゃないかにしろ、いずれも結果的には社会変動期の前後に当たっている。民衆の素朴な心意から言うと、何かに社会不安を感じていて、その不安感が予知能力を高めたものとなっている。世の中に大きな変化が訪れてくるのではないかということを潜在的に感知している節があり、それが無意味とさえ思える熱狂的な踊りを伴う流行神への群参となるケースが多いのではないだろうか。

江戸時代中期ごろから、流行神が多発したことは従来しばしば指摘されている。とりわけ江戸の町中で著名だったのは、浅草新堀にあった立花家の屋敷神の太郎稲荷であった。流行し出したのは、享和三（一八〇三）年で、この年は、はしかの流行年だった。予防注射のある時代ではないから、高熱で落命する者も多かったのである。

太郎稲荷はとくに麻疹流行に際し、病難を逃れることができるというので、願掛けに群集が殺到したといわれる。群集が増加し、「人に人重り合て、跡へも先へも行難く、押倒され踏殺された死人怪我人多かりし」（『享和雑記』）というほどだから、物凄い熱狂ぶりである。とりわけ太郎稲荷は、大名屋敷の庭にあったわけだから、誰でも勝手に入れるというのではない。屋敷の留守居役の印の押してある切手を持つ者のみが入れたのである。しかしあまりにも参詣者が増加したから、五節供と毎月午の日は勝手に出入りすることを差し許したという。そのときの状況は、浅草観音や上野大師の縁日よりも、太郎稲荷の午の日参詣の方がはるかに多いと記されている。しかし、四、五年も経ずして、すっかりさびれてしまった。喜多村筠庭の言に、「二月頃墓参のついでに行つてみるに、いまだ淋しく、唯一人二人参詣なりしが、屋敷門前に山伏やうのものもらひ居て念じ奉る太郎稲荷大明神何とやら唱へたる、いとをかしく思ひたり」（『増訂武江年表』）と記されている。

『享和雑記』の著者は、「往昔より時花神には、その限りありて半年一年にして寂るゝ者也」と指摘している。この時花神はハヤリ神と訓ずるのだが、その内容をよく言い当てているようだ。咲く花のように一時パッと開き散ってしまう。これが一般の流行神に対する感じ方だったろう。この太郎稲荷に限っていえば、麻疹流行時に際立って喧伝されたものである。その霊験にあずかろうと群集が殺到したことは明白であり、はしかが鎮まると同時に、参詣人も激減し、先のような有様になってしまった。

社会不安と一口に言っても、時代的諸条件によって、その性格も異なっている。ただ民衆心理にそっていえば、伝染病が流行するということは、いつその病気にかかるのかというごく素朴な不安を感ずるということである。

病気があれば健康があり、これが日常生活を順調に保つ基本である。したがって病気を除き、不健康をなくすことは不安を解消することである。その現われがたまたま江戸時代の太郎稲荷の盛行ぶりに示されたといえる。

三　願掛けの内容

流行神には願掛けがかならず伴っている。それは、「苦しい時の神頼み」「わらにもすがりたい気持」という不安感とうらはらの関係にある。そうした願掛けの内容は、種々相あるが、もっとも普遍的なのは、家内安全と商売繁昌である。農村の五穀豊穣、漁村の豊漁祈願、厄除開運、立身出世、そして現代社会に近年強く現われてきたのは合格祈願と交通安全である。

その他羅列してみると、夫婦和合、子授け・安産、病気治癒、地震・雷除け、雨乞い、水難除け、火防、盗難除けなどがみられている。この願掛けの内容をみると、信者の方でもっぱら、神仏を利用している形となっている。流行神の方も、霊験が機能的に分化しており、病気治癒の神仏をみても、頭痛、眼病、耳の病、歯痛、百日咳・喘息、腹痛、腰痛、夜泣き、疱瘡、はしか、中風、手足の痛み、虫刺され、腫物、いぼ、水虫、痔、婦人病などにもそれぞれ対応している。いろいろなご利益に応じて、信者の方で勝手に祈願するということになる。

この現象は、日本人の神観念を考える上で一つの特徴を示していることになる。つまり一人の人間が、同次元で多数の神々を信心することが可能な状況を示すのである。元来一つの氏神が特定の氏子を持ち、それを守護するのが原則だったろうが、流行神はそうした原則をいち早く破って創出された。そしてこの神をうみ出したのは、宗教者の側というよりは、日本の一般民衆の方であり、その民衆性は大いに評価されるものだった。突発的に生じ、熱狂的に流行して、すぐ下火になる、その現象の基底にある民衆心理をいかに客観的に把握できるかが流行神の謎を解明する鍵なのである。

II

民俗から見た世界観

一　民間信仰としての地獄・極楽

一

外来宗教として日本に伝来した仏教は、すでに約一五世紀を経過して、民間社会に浸透しつくしたと考えられている。われわれの日常生活をみまわしても、仏教的要素が色濃いことは誰でも気づく。日本仏教の代名詞として葬式仏教などという名があるように、仏教が死者供養と深く関わっており、盆や彼岸のお寺や墓参り、各家の仏檀のまつりなどは、仏教の日常化の様相をよくものがたっている。

これらの習俗は、先祖祭りを軸に成りたっており、一般に仏事供養にまとめられている。法事として年忌供養を行なうのは、子孫のつとめだと教えられ、三十三回忌や五十回忌ぐらいまでは、かならずすることになっている。

不思議なことに、長期間にわたって法事を営むなどということは、本来の仏教の教理にはないものである、日本の寺院と檀家の間の一つのとりきめのようにして行なわれてきたのである。

日本の民俗信仰において、人は死んでどこへいくのか執念深く追求した柳田国男は、日本仏教が、檀家中心の仏事で何事も追善供養を行なうことが疑問だとしている。なんとなれば仏教では生者にたいし、死んだら仏果をえて、浄土に往生すると説いている。極楽往生のあの世は遠く十万億土のかなたにあると教えながら毎年毎年お盆の時節になると、祖霊は戻ってくるのだからかなりおかしいのではないかという理屈がいっぽうにはある。この考え方によると、祖霊は毎年一定の時期にこの世に戻ってくると信じられていたのであり、遠く浄土に行ってしまったのだと説く仏教とは大いに異なるのである。

毎年霊が戻れるとするならば、そう遠方の浄土へ行ってしまうはずがない。死者は国土のどこかの浄土に行っているのであり、仏教上のはるかかなたにある浄土ではなさそうだというのが、古くからの伝統的信仰としてあったはずなのである。

二

それは具体的にどの地点に想定されていたのであろうか。神話時代には、出雲国と紀伊国だったようだ。出雲神話は大国主命を主人公に成立しているが、その地は、かつて大国主命の祖神ともいうべきイザナミノ命が死して住んでいた黄泉国とダブル・イメージ視されていた。かつてイザナギノ命は、この地を嫌って逃げたが、子のスサノオノ命のほうはひたすら憧れていた地であり、「八雲たつ出雲の国」へ下ってきたのである。そこを母神の住む国としてつまり妣の国として憧れたのである。スサノオノ命の後をうけて登場する大国主命は、多面的な神格をもつが、その特徴の一つに、いくたびか死してまた生まれるという再生譚がある。死んで蘇生するという霊力をこの神はもっており、それは出雲国を支配する神、つまり常世国に想定される土地の神であったからである。この時点で、常世は異郷憧憬の中心であった。黄泉国のイメージとは異なり明るい常住の楽土と目されていた。このことは折口信夫の指摘のとおりであろう。

常世は常夜から出ている。そこには神の世隠りがあり、ふたたび神が誕生している。有名な天の岩戸伝説にあるモチーフでもある。神が死してふたたび出現する復活蘇生のモチーフがここにある。常世はかくて不死の国と考えられており、そこに住む主神の大国主命によく体現されているといえよう。大国主命は、国譲りして神隠りしたが死んだとは記されず、他国へ去ったことになっている。また大国主命とともに出雲を支配した少彦名命は、一種のマレビトと目される来訪神であり、常世国の神であったと言われている。海のかなたから訪れ、ふたたび常世国へ去っていった神だから、常世国は海のかなたにあると考えられていたことはたしかだった。出雲は陸地として、常世国との境に位置する。つまり現世とあの世との境界にあると予測されたから、常世国が現実視されると自然に出雲国＝常世国となっていくのだろう。また大国主命が兄の八十神たちに追われて、いったん逃げのびたのは紀伊国であった。この地は、イザナミノ命の葬られたところであって、やはり妣の国のイメージがあったのだろう。

中世仏教が関与した紀伊国は、熊野信仰というスタイルを生みだした。熊野信仰は複雑だが古代からの聖地であったこと、そこが他界視されていたことが中心だった。他界であることをものがたる史料として、有名な熊野本地譚がある。この物語は、『神道集』巻二におさめられており、その異常性で人口に膾炙するものであった。王の寵愛を受けた女御が懐妊したところ、他の女御たちにそねまれ、熊野山中に捨てられ、首をはねられてしまう。ところが死に臨んで王子が誕生し、生まれた王子は、母の遺骸の乳房を吸って、山中の虎たちの守護により成長したというのである。この山中の異常出誕の物語には、明らかに死と再生のモチーフがあった。やがて母と子は熊野の神に化するのであるが、母神と神子の死と再生が、熊野に語られたのは、古代より熊野の地が常世国と観じられていたためであろう。

古代に常世国はもう一カ所あった。『常陸国風土記』に「古の人常世の国といへるは蓋し疑ふらくは此の地ならむか」とした常陸国のことである。「それ常陸の国は、堺は是広く地も亦緬邈《ほうか》にして土壌も沃墳《つちこ》え原野も肥衍《つちこ》えて墾発く処なり。海山の利ありて人々自得に家々足饒へり」というから、かなり具体的な楽土のイメージで描かれている。『文徳実録』巻八には、大国主命と少彦名命が、この国を作り終え、東海のかなたへ去ってしまうが、ふたたび、民を救うために常陸国へ再来したという伝説を記している。ここには中国の神仙思想を超えて、現実的な世界をこの世に想定する思考がうかがえるのであって、たぶんこうしたユートピアは、常陸国を筆頭として文献に残されなかったにしろ、日本のあちこちに具体的に想像される時代が出現していたようである。

この段階で、仏教が日本に浸透しはじめると、どのような文化情況が生じただろうか。

元来極楽は、その原名をスカーヴァティー、幸福のある土地というユートピアであった。インド人の思考のなかで、五世紀ごろにイメージ化されており、そこを支配する阿弥陀仏の仏国土にたいする憧憬がインドのガンダーラ地方で栄えたという。このスカーヴァティーは、岩本裕氏の説明によると、ユダヤ教やキリスト教の原郷というべきエデンの園の訳語に相当するという。

極楽は天にあるのではなく、東西南北の西方という地平の彼方にある。エデンの園も砂漠の彼方のオアシスに相当した地域であり、西アジアにおけるエデンの園の伝承が東漸して仏教上の極楽世界になったのだろうというのである（岩本裕『極楽と地獄』）。つまり具体的な極楽は、西方における大砂漠の彼方にあるオアシスであり、これが宗教的観念に投影したといえる。

日本の出雲や紀伊あるいは常陸が、こうした極楽浄土の観念と近いものをもちつつも、なお常世という死と再生をモチーフとした考えを集約させたうえでのあの世を描いていたことは、一つの特徴といえるだろう。

『肥前風土記』や『万葉集』にもうたわれた五島の三井楽は、西方という方位観にあてはまる一つの他界と考えられた。『袖中抄』巻三に、「肥前国ちか島、此島にひゞらこのさきと云所あり、其所には夜ともなれば死にたる人あらはれて父子相みると云」とあり、また藤原俊頼の次の歌をのせる。

みみらくの我日の本の島ならば
　けふもみかげにあはましものを

この詞に「尼上うせ給ふて後みみらくの島のことを思ひてよめる」とある。

この記事をみると、三井楽は幻の世界のように思えながら、この国土に厳と存在しているのだという意識がはっきりしている。しかも亡き人に会うことのできる世界なのである。

現在も地名として残っている長崎県五島の小値賀島の北岸にある三井楽は、古代人の心情の中では、海上彼方に浮かぶ幻の島であり、そこは一つの浄土であったにちがいない。その地に行くと死者が生者としてよみがえっており、相語らうことができるだろうという観念があり、時代が下るにしたがって、それがしだいに現実化してきたふしがある。

たとえばこの小値賀島からさらに西方に向かって四里さきに美良島、さらに西方に行くと平島があり、さらにそのさきにはるか大昔高麗島と称するユートピアがあったという伝説が残っている。この高麗島は今はなく、海底に没してしまったが、そこに荘厳な寺院が作られており、金銀があふれるところだったというのである。住民たちは美しい陶器を作っておりこれが高麗焼とよばれた。高麗島が沈没する直前に、寺は美良島に移されたという。美良島の地名に寺屋敷・経ケ崎というのがあり、そこがかつての寺跡だといわれている。

美良島は伝説上の高麗島を現実化した段階に想定されたものであり、海上彼方という漠然としたイメージが、しだいにこの現世に接近したことを示している。さらにこれが三井楽という、地続き上の地点にも定められてきたのではなかろうか。

仏教上の解釈が加わると、そこに寺院があり、そこで衆生は救済されたのだと説明し、人びとはその地で幸福に暮しているのだと伝えられるようになったのである。方位からいうと、この地は西方にあり、しかも海上彼方の常世を指向していたといってよい。蘇生した死者と会える島だというのも、そうした日本的なものの思考の現われといえるだろう。

柳田国男は三井楽のミミラクが、根の国でありかつニライ・ニールピイといった南島語に通ずるらしい点を指摘している。この指摘によると、ミイラクは沖縄で考えられている海上彼方のユートピアに合致する意味をもつ言葉ということになる。

もう一つおもしろい柳田の指摘は、このミイラクがミロクつまり弥勒にも通ずるということだった。ミロクは伝統的な表現であり、ミロク浄土もまた海の彼方の楽土だろうというのである。この指摘は実証し難いものであるが、一方の仏教上の弥勒信仰には大きな体系が備わっている。すなわち弥勒浄土は兜率天《とそつ》であり、弥勒仏はそこにあって五六億七千万年後に地上に出現する未来仏なのである。この兜率天は、古代インドにあっては、現世の地上界より三二万ヨージャナ（長さの単位）上空にある天上を示している。

この兜率天こそ仏教上の典型的なユートピアであった。洪水、大火、戦争その他災害のない平和な世界で、七宝の楼閣がたち並ぶ大都会であるといわれている。阿弥陀仏の極楽浄土よりもいっそう華やかで整った世界だといわれている。

弥勒信仰の伝来は、六世紀後半だとされており、有名な聖徳太子の没後、その冥福を祈って造らせた天寿国曼荼羅にも、弥勒信仰の影響が認められている。

仏教上の弥勒信仰の特色は、天上界に弥土の存在が説かれていることであって、これは西方浄土といった地平線上に設定されたものではない。この思想は、たとえば、『宇津保物語』などに、弥勒浄土に昇天する話があって、そこを喜見城と称し、天女のつどう明るい天上世界などを想定している場合などに一つの影響を見出すことが可能であるが、これが一般民衆社会により強く浸透したものとはいえない。

だが海上彼方のユートピアを想定する民衆の思考法からいうと、ミロク仏は海の彼方から訪れてくるはずになる。そうした信仰は事実関東地方の茨城県鹿島地方にみられるのである。鹿島は常陸国にあり、古代より知られた常世国の一角に位置している。この常世である常陸の鹿島の海岸に、豊饒をもたらす「みろく舟」という宝船がやってくるという口碑にもとづいて、鹿島踊とか弥勒踊という民俗芸能が生まれたのである。この「みろく舟」の特徴は、米俵を満載しているのであり、船には江戸時代に知られた神々がのっている。そこでここに表現されたミロク仏は、稲霊の神であって、仏教上の弥勒仏ではないと考えられたのである。この独特のミロク仏は、海のむこうからくるのであり、あるいは海上楽土のユートピアの常世神であったろう。この神が神話上の再現として、この世とあの世の境に位置する常陸の鹿島にやってくるというのである。

いっぽう仏教上の弥勒信仰も、鹿島地方に伝播してきており、そこでミロクと弥勒が接合することになった。古代に建立された鹿島神宮寺はその具体例であり、本尊脇侍に祀られた弥勒仏像は、海の彼方から漂着してきた木材から彫りあげたものだという縁起があったといわれている。

弥勒浄土も天界に想定されながら、けっきょく日本化した段階では、海上の浄土に変化してしまった事例がここにうかがえるのである。

熊野の補陀落渡海にしても、熊野を起点として海上彼方に観音浄土を想定したもので、渡海のさきは、はたして渡海上人の思考にどのように具現化していたのかさだかではない。中国の浙江省定海県の舟山群島の中にある普陀落迦山だったろうという説があるが、すでに存命中に入定する行為であったのだから、そこには死と再生のモチーフがあったことになる。熊野も常世国であり、そこから真の常世にダブらせた観音浄土行きが意図されていたといってよいのであろう。

渡海僧の一人であった日種上人は、観音浄土を目指して、漂着したのが沖縄の金武であった。小さい箱にのせられ、波間にゆられながら金武の福花の浜にたどりついた。村人は箱から上人をとりだし、介抱したので生まれかわった。その名は日秀とよばれ、金武を中心に活躍する名僧としてその名をほしいままにしたという。

神人来兮　富蔵水清
神人遊兮　白沙化米

この唱句は、日秀を迎えた村人の讃歌といえるもので、海の彼方からの僧を神人としてたたえているのである。神人として日種は再生し、村に清き水と豊かな米をもたらしたという存在になったのである。

このようにみてくると、仏教が日本化する過程で、たとえばあの世というべき他界は、死と再生をモチーフに構成された世界であって、むしろ生を中心として幸福の満ちたユートピアに想定されている。仏教上の極楽つまり阿弥陀浄土、そして弥勒浄土、観音浄土といったユートピアと符合が一致する。

だから極楽に対比される地獄についての定着した思考は、日本人の心情に明確ではないといえるだろう。

『日本霊異記』上巻第三十には、いったん死んだ男が度南の国へ行って、ふたたびよみがえった話がのせられている。度南の国には恐ろしい刑罰にあっている者の描写、たとえば父親が赤く熱した柱をだきかかえ、鉄釘が三七本身体に打ちこまれて、鉄のむちで打たれるところなどをまのあたりみたことになっており、これが地獄に関する文献上の初見だという。地獄に行く途中に大河があり、橋がかかっている。冥界に行く途中に三途の河の存在がいわれるのは、ここがこの世とあの世の境目にあたるためである。

川はしばしば世界の領界をくぎる役割をもち、地獄と考えられる世界が別に想定されていることは明らかであった。前述の常世が一面では黄泉のいわゆる地下世界を予想していたこともあり、それは暗黒の死の世界だったのである。だが『往生要集』に示されたような恐ろしげな八大地獄の記述のモデルは、元来日本の土着のものではなかった。

地獄変の恐怖が人びとにしみわたった段階で、あの地獄へは落とさないでくれる地蔵菩薩の信仰が急激に増加したことが『今昔物語』の記述から知られる。地蔵菩薩は釈尊入滅後弥勒仏が出現するまで、衆生を救済する仏菩薩であるが、とくに地獄に落ちて救われそうもない衆生さえなんとかしてくれるという深い期待も寄せられた庶民的な菩薩であった。この信仰が民間に広まると、じつに多面的な展開を示していることが、日本の地蔵信仰史のありさまをみるとわかる。

地蔵浄土などといった世界も作られている。爺さんが山へ行って、おむすびを食べようとすると、それが転がって穴へ入ってしまった。爺さんもその後を追っていくと、お地蔵さんがいて、そこでむすびを食べている。爺さんが返してくれと言うと、地蔵はあやまりながら、もうすぐ鬼たちがやってくるから、自分の尻の下に入っておれ、そして鶏の鳴きまねをするようにといわれた。まもなく鬼がやってきたので、地蔵の指示どおり爺さんは鶏の鳴きまねをした。鬼たちは夜が明けたと思って、あわてて金棒を置いたまま逃げ出してしまう。その金棒を爺さんが振ると、好む物がなんでも出てくるので、お蔭で大金持になった。それを聞いた隣りの爺さんが、まねをして地蔵の尻の下に入ったが、鬼たちに鶏の鳴き声をする前に笑いだしてしまい、隠れた所がばれてしまい、そのまま地獄へ引きたてられてしまったという。これはよい爺さんと悪い爺さんと対立させた教訓話として、世間に流布されている昔話である。

地蔵は地下の穴から入った地底の世界にいるが、そこは地獄ではない。むしろ地蔵のいる地点は、地獄の鬼たちもやってこれるし、この世の人も近づける、ちょうど境にあたっているようだ。賽の河原とよばれるあたりも、地蔵が管理する境であった。死んだ幼児が集まって、石の塔を積む所で、そこに鬼が出没する。鬼たちに子がさらわれないように地蔵が守護するといわれている。賽は境のことであり、地蔵は境に祀られる神なのでもあった。

河原といっているのは、三途河の河原なのであろうが、このサンズノカワは精進川のことらしい。精進川は、穢れを払うため禊ぎをする川であって、たぶんその前提には黄泉国の死の穢れを想定しているのであろう。

地獄思想が普及して、楽土のユートピアである常世・極楽の世界と対立的な地獄・黄泉の世界が、どこかに存在するように考えるのは、古代末期になってからのことであった。それは地底の世界というより、山中他界観に結びついた地獄なのである。『今昔物語』には、立山地獄のことが記されており、これは文献上では初めてである。「立山といふ所あり。きわめて貴く深き山なり。道険しくして、たやすく人まいりがたし。その中に種々の地獄の出湯あって、現に堪えがたげなることども見ゆ」として、立山地獄谷のことが登場する。立山は日本の代表的名山だが、山中の地獄谷の勝景は、平安時代末の貴族社会にも知られていたのである。とくに立山山麓の芦峅《あしくら》は名だたる霊地だった。立山の芦峅寺の霊験は中央に知られ、立山登山も盛んとなっていた。芦峅の入口に三途河とか死出の山などが設けられ、山中の地獄谷は、火山の噴煙のたちこめる異様な光景を示している。『往生要集』にみる地獄は、八大地獄でありそのうちでも焦熱地獄の有様は、火山噴火のなごりをもつ地獄谷の情景とすこぶる通じており、地獄の姿に直接結びつけられるものだった。

近年観光地化してしまった青森県下北半島の恐山は、これも地獄の実相をよく伝えたものである。山上の旧火口湖にある宇曽利湖をへだてていっぽうに極楽が想定され、片方に地獄がある。

火山特有の硫黄臭と噴気孔から噴煙が突きあげており、地蔵堂や賽の河原、三途川、林立する板塔婆など異様な光景は、訪れた人に強く印象づけるものだ。

山中他界の観念は、死者の霊が山奥に行くと考えた段階から発生したことは明らかだった。ただしどの山でもよいというわけではなく、仏教が関与したいわゆる霊山に限られたのである。立山にしろ恐山にしろそれぞれ天台宗、浄土宗の寺院が結びついており、死者の世界を管理していることになっているが、いずれも、死者の霊がその山に集まるものと、山麓住民によって信じられていたことが大きな前提だったのである。ことに火山の噴煙がまだ残る活火山には、地獄のイメージが強烈だったことも明らかなのである。

このようにみると、極楽にしろ地獄にしろ、日本の宗教社会には観念的な想定はむしろなく、現実にここにこのような形であるのだと説明づけして信じられているといってよい。だから十万億土のあの世といった意識はまったく空疎なのであって、現世の中のしかも至近距離の空間にそうした他界を設定しているのだといってよいわけなのである。

三

今までの話は、主として古代・中世に展開する例であったが、近世社会に入ると、日本仏教はその特色をますます発揮させるに至った。それはひとくちにいうと、仏教の日常化であり、それは一般に葬式仏教とか、世俗化した宗教とかいわれ、年中行事・冠婚葬祭などに習俗化していく傾きが強かったのである。

檀家制度の成立によって、家の宗教が仏教に統一され、先祖代々の霊を祀る祖先崇拝が社会や思想の体系として定着したのもこの時代である。今われわれの家庭にある仏檀なども、祖先崇拝のシンボルとして近世中期以後民衆生活のなかにみられるようになった。五来重氏は、仏檀を仏壇とするのは正しくなく、本来は壇ではなく檀の木扁だったという見解をだしている。仏壇の字は『広辞苑』にあるが、この仏壇は寺院の仏壇と混同しているのだというのである。寺の仏壇は仏像をのせる壇に発しているのにたいし、家の仏檀は木製の厨子型であり、寺の仏壇とは起源がちがうのだという。仏檀はそうするとどこから生まれたものかというと、これは貴族や武士社会の持仏堂にあるという。持仏堂は、屋敷内に作られた小堂だが、貴族だけでなく、民間の聖《ひじり》たちも、自分の道場に持仏堂をもっていた。念仏聖は浄土真宗の原初段階を形成した半僧半俗、肉食妻帯をする毛坊主たちであり、彼らが道場として持っていた持仏堂が、仏檀というものに凝縮したといってよいのである。とくに五来氏は、浄土真宗の仏檀が他宗に比して立派であることに留意している。これは真宗の僧侶が半僧半俗であって道場を中心に宗教活動を行なっていたことが大きく反映しており、とりわけ仏檀を荘厳に仕立てたのだろうと推察している。私も五来説にしたがって、仏檀と記してみたい。

さてこの仏檀の中には位牌が安置されている。位牌は、死んで往生した者の名を書き記し、木牌として保存したもので、そこに死者の霊が依りつくものとされている。

日本人の死後観念は、前に説明したように極楽に相当するユートピアに行き、ふたたび現世に戻ってくるのであるが、遺体との関係からいうと、霊魂と遺体は分離したものと考えていた。

人が死ねば、霊魂は遊離する。遺骸は一種の容器であり、遺棄されて埋められる。民俗学上重視されている両墓制というのは、死骸を葬った場所と、死者の霊を別にしているところから生じた二重墓制である。埋め墓にたいして詣り墓があり、埋め墓には死穢が伴なうが、詣り墓は清浄な祭場となっている。よくお寺に行くと、裏手に共同墓地があり、本堂の後堂や脇堂に檀徒の位牌が安置されているのをみかけるだろう。これは檀徒の位牌が詣り墓の機能を果たしている証拠であった。この位牌が寺にあるだけでなく、そこから各家の厨子型の仏檀にもちこまれ、そこを祭場とすることによって、ますます仏教は日常生活化していくのである。

だから位牌そのものは、じつは遠くに棄てられた遺骸から脱出した死霊を迎えて祀るための依代ということになるのである。五来重氏はこれをもっとつっこんで、イハイが斎木《いはい》という神道上の霊代《みたましろ》から生じた言葉だと述べている。

こうした仏檀と位牌をとおして、仏教は展開したといっても過言ではない。年中行事の重要な折り目は、いずれも仏檀の位牌を中心に祭祀が行なわれているといってよいのである。

その代表的な例は、盆とか彼岸のときである。盆は、死者の霊が精霊となって、あの世からこの世へ戻ってくるため、生者が盛大に死者の霊をもてなすところに意義があった。盆の語義については、仏教的には、梵語のウランバーナ（盂蘭盆）つまり倒懸のことである。仏教説話にある話で仏弟子目蓮の亡母が死後、倒懸の刑で苦しんでいる姿をみて、その苦を救ってくれるよう仏に願ったところ、七月一五日百味の飲食で衆僧を供養すると救われるという趣意にもとづいて行なわれる行事とされている。

ところが民俗学的には、秋の初めいよいよ稲収穫期にさしかかる直前に、一族あるいは家族の者が寄り集まって、先祖の霊を迎える際に用いた供物を供える器を盆と称したところに、お盆の原義があると解釈している。

この供物の容器の盆と、仏教の盂蘭盆とが混同して、日本のお盆の行事ができあがっているとみてよいだろう。共通していることは、たくさんのご馳走を作り供えることで、その際、厨子型の仏檀の中から、わざわざ位牌をとりだし特別な祭棚を作る地方もある。この棚を盆棚とか精霊棚と称している。四本の竹で組み立て、板をのせたものの上に新しいござを敷いた簡単な棚だが、その上に位牌を置き、なすやうりと麻殻で四足をつけた牛馬などをこしらえて脇に置く。ご馳走として特徴的なのは、季節物の野菜のほかに、かならずうどんを供えたことである。盆の最中の主食はうどんだといってよいくらい、朝、昼、晩に家中の者が食べる。時期的にいって、稲はまだ新穀にほど遠く、ちょうど麦の収穫期にあたっている。したがって盆祭りを畑作儀礼のとくに麦の収穫祭として位置づける考え方もある。

盆に訪れてくる祖霊は、代々子孫たちにてい重にもてなされているからよいが、祀り手が途絶えてしまった死霊が別にある。それは祖霊のように子孫や家、村を守護する霊ではなくなり、むしろ災厄をもたらす祟る霊として意識されているのである。

盆にはそうした悪霊もやってくるわけだから、その方も無視することはできない。さきの精霊棚とは別に餓鬼棚とか外精霊、無縁仏とよぶ祭壇が設けられるのはそのためであった。これは精霊棚にくらべて小さいものだが、やはりたくさんのご馳走を供えることにかわりはない。無縁仏が大量に発生すると、もろもろの災厄がもたらされるとして、人びとは恐れ、社会不安が生ずる。そこで怨霊、無縁仏を鎮めなくてはならない。日本仏教の呪術的側面は、無縁仏を鎮めることにあるといってもよいのである。盆のときに寺で施餓鬼の供養をするのはそのためである。餓鬼は死霊が餓鬼道に落ち、やせて骨と皮になり、ひたすら食物を求める一種の悪霊とみなされている。極楽往生すべきなのに、生前の悪徳や恨みがのこったままで、行くべきところに行けずさまよっている無縁仏と同じ性格とみなされており、施餓鬼は無縁仏供養ともなっている。

寺院はそうした民衆の心情を巧みにとらえて、満たされない死者の霊を鎮撫することに力があったのである。だから祖霊を祀るのは、けっして仏教側だけの儀礼で解釈されるのではなく、家の主人夫婦が司祭者となり、僧が手助けするというのが本筋で、祀り手のない無縁仏の祭りを僧が行なっているといえるだろう。

仏教の災厄払いといった機能は、仏教的年中行事の随所に認められている。たとえば追儺《ついな》の行事は、鬼を悪役にしたてて、豆で追い払う行事で、はじめ年末の除夜に行なわれていたものが、今では節分の夜に民間で行なうようになっている。節分の鬼は「福は内、鬼は外」の表現の示すところから、悪役となっているが、元来は逆に悪霊を追放すべき役割をになっているものなのであった。寺院の行なう修正会《しゅしょうえ》、修二会の行事で出現する鬼と同じ役割をもっている。修正会は、正月の上旬ないし中旬に約一週間続く行事で、堂押、どやどや、押合い、会陽などの別称もある。これらの言葉が示すように参会者が大勢ではげしく押し合いへし合いする。このときの人びとの狂熱的な乱舞を、一般に鬼踊りというところから、各自が鬼面をかぶったことが想像されている。つまり鬼たちが裸形で堂の床を踏みしめ、かつ踊り狂うわけである。これは呪師《しゅし》芸《げい》の変化したものとされており、ここに想定された鬼は、年頭にあって災厄を除去すべき呪術を行なっていたことになるだろう。

鬼そのものは異人であり、村落外に存在するものである。モデルは山人とか修験、山伏の類だったろう。彼らは災厄をもたらすというより、悪を追放すべく村々を訪れたと考えられている。だが仏教の方は、地獄の鬼に通じ、邪悪の存在とみなされたから、追儺を寺院で行なう場合には、鬼を打ち追い払う所作を強調したのである。これは仏教が民衆のなかに浸透する際に当然操作される呪法であった。しかし鬼は地獄だけにいるのではなく、この世にあって幸福をもたらす存在でもあった。鬼迎えをして、迎え祀るような行事、たとえば小正月の訪問者として知られる秋田県男鹿半島のナマハゲなども鬼のような恐ろしいかっこうで、子供を脅しつけるといいながらてい重にもてなされているようすなどからもうかがえるのである。

このように仏教の日本化という過程において、極楽や地獄などの他界観や盆などの仏教的行事をよく眺めてみると、それらの日常化が日本人の生活観、人生観のなかで巧みに適応しておりかつ、一つの文化体系を創出していることがよくわかるのである。

二　補陀落渡海の人々

一

柳田国男の一文に「蒼海を望みて思ふ」というのがある。日本は周囲を海に囲まれた海国で、ここに住みついた人々は、最初海岸にたどり着いて、それから山間部へ入っていったにちがいないという。日本人の祖先は、山越しではなく、海の彼方から、風と潮流を利して、小舟にのって、南方からやってきたのだという柳田の仮説は、日本人の誰もが海岸に立ち、大海原を見渡すときに、くり返しくり返しいだいてきた心情に支えられているといって過言ではない。

では海の彼方のいかなる地から、この島国へやってきたのだろうか。それは何か世界の果てにあるような島で、素晴らしい場所であろうと想像されたが、決して幻の島ではなく、現実的な感触をもってとらえられるような島でもあった。たとえば長崎県五島で語られている高麗島の伝説はその一つであった。小値賀島から、さらに西に向かって四里先きに美良島があり、この島から、西に向かうと平島がある。この平島の海上彼方にかつて高麗島という素晴らしい島があったというのである。高麗島は今はなく、海底深く没してしまったという伝説が久しく伝えられていた。沈んでしまった近辺を、漁民たちは高麗瀬と称していた。高麗は世にも稀な富の島で、金銀島であった。ここに住んでいた住民たちは、美しい陶器を作り、これは高麗焼とよばれていた。この高麗島には昔一つの寺があったというが、島が海底に沈む前に、この寺が美良島に移されたという、その地名を寺屋敷といって、美良島に残っている。また経ケ崎という地名もあってその時の寺の経巻がここに漂着した場所という説もある。いずれもユートピアの島がかつて存在していたことの痕跡を示そうという意図で伝えられたものだろう。

柳田国男は、この神秘的な高麗島が、亡き人に逢える幻の島として万葉以来知られた三井楽の岬の近くにあったことに着目した。彼の有名な「根の国の話」は、今もある大値賀島の北海岸の三井楽が、かつては海上に浮かぶ謎の島で、亡くなった人の顔をみることができるという、ちょうど幽冥界の境にあたる地だったろうと想像している。日本のどこかの海に、その伝説の島があり、それが具体的に下五島の同名の岬に比定されたのだと説いている。それは、文献の上に直接現れない島で、「日本に古くから伝はつている死者の国、それも海の彼方に隔絶して、稀々に生者も往き通ふと信じられ居た第二の世界」であり、ミミラクの島は、別に根の国と表現されるものであったと考えた。それが具体的には日本の西の突端に措定されたのは、ちょうどこの地が、外国へ渡海する境界の地であって、そこから船を出す地であった故だろうと推察している。

　根の国は、文字から察すると地下の世界のように考えがちだが、じつはそうではなく、島国である日本人が持つ海上彼方の世界であるというのは、柳田の確固たる信念のようだった。ネノクニの語源にしても、それがネドコロとかモトドコロという出発点を意味するものであり、それは南島文化圏の中で証明されたニライもしくはニルヤという海上の霊地につながりを持つのだという。ネノクニは海の彼方の神の故郷、日本人は、その方向から、たどりついたのだというのが柳田民俗学の主張であった。この問題は、日本人の世界観に深く関わっていることは周知の通りであった。根の国が日本人の原郷であるとすれば、蒼海を望んで、そこにユートピアを求める。太平洋沿岸の各地で、東方海上に金銀島や陸奥島という幻の島を描き、鹿島香取でミロク仏の住む浄土に憧れる、蓬萊島にしろ常世国にしろ、いずれも海の彼方にあるにちがいない、熊野に補陀落渡海の信仰が顕著であったのも、そうしたユートピアへの憧れとうらはらであったことは、十分に考えられることだろう。

二

補陀落渡海の信仰を考える上で、一つは仏教文化史のトレースによるべきことは勿論だが、右に述べたような柳田国男の指摘した民俗信仰の力の根源を無視することはできない。

那智山宮曼陀羅は、昭和三七年の国学院大学による熊野学術調査団の手によって明らかにされたが、熊野灘に渡海のための帆掛船があり、まわりに三隻の供船がつづいている。供船には見送りの寺僧が乗るわけだが、帆掛船には四面に鳥居があって、瑞垣がある。四つの鳥居は、それぞれ四天王を表わし、渡海を守護するためのものという。渡海上人は、一一月の海に向って西風が強く吹く頃を選び、その日の夕方出発したという。そして渡海上人たちの求めた海の彼方の観音浄土とは、中国の浙江省定海県の舟山群島の中にある普陀落迦山だったろうと推察されている(尾畑喜一郎「補陀落渡海」『国学院雑誌』第六五巻十、十一号)。いずれも補陀落山寺で、修行を積み、時の朝廷に上人号を申請し、勅許をまって渡海入定を果たすのが、定式であり、だいたい四〇歳ぐらいかそれ以下であった。『熊野年代記』に記すところ約九〇名にわたる人々が渡海していった。そこには貞観一〇年から享保七年までの記事が記されているが、それ以外にも多数あったであろう。仏教上の観音補陀落信仰は、観音経で説かれ、古代以来日本の宗教社会に浸透していたことは周知の通りである。熊野は天台宗が支配するところであり、観音の浄土は法華経の中でも説かれ、普陀落山の思想も強く習合したのであった。とりわけ熊野那智山は、補陀落の東門といわれ、そこから補陀落浄土へ渡海する必然性もあったのである。単純な入水往生とは異なり、曼陀羅にみるように、ドラマチックなシーンがある。他界への壮大なる出発はきわめて儀式ばった形になっているだろう。勅許を得て渡海上人となる、それはまた永い年月を経た修行の結果可能となる行為でもあり、人々に見送られ惜別の情がみなぎる光景なのだった。入水による往生であれば、簡単に行ない得る自殺行為だが、補陀落渡海には、ある程度の食料を持ち、供船に送られて、孤舟で他界へ旅立つという段階があった。ちょうどミイラになるための土中入定に、さまざまな儀礼が伴なったと同じ状況がある。

熊野にこれが集中したのは、戦国時代末期であり、世紀末的な思潮と対応するとの説があり、客観的には否定し得ないところがある。だが、それ以外にも渡海の記事はみられるのであって、通時性を伴なった渡海のあり方については、別の説明が必要であろう。

熊野以外の地で、補陀落渡海を目指した記録もよく知られている。四国の足摺岬から渡海した賀登上人などは代表的な例だろう。『地蔵菩薩霊験記』によると、阿波国からきた賀登上人が寺へこもり、二年間観音補陀落浄土行を念じ、示現をこうむって「ツヒニ長保三年八月十八日弟子栄念ト虚舟《うつほぶね》ニノリ、午ノ剋ニトモヅナヲトキテ、遙ナル万里ノ波ヲシノギ、飛ブガ如クニ去リ玉フ」と渡海したのであった。いわゆるうつぼ舟にのって、海上の彼方へ去っていったイメージがうかがえるのである。

他界へおもむく往生が死を意味することは明らかだが、熊野ではその儀式を荘重にとり行なった点特徴的である。堀一郎氏は、これを往生の儀式と水葬が結合したものとみた（『民間信仰』）。水葬という慣行が伝統的な習俗として存在し得たかどうか一つの問題ではある。しかし渡海すること自体が、死を意図している限り、表面的には水葬の意識を予想せざるを得ないだろう。

そのことは、近世期になってとりわけ顕著となった。寛文六年刊の『熊野巡覧記』には、「補陀落寺ノ僧入寂ノ時」と記し、当時の状況を語っている。すなわち「補陀落山渡海ト称シ、古来ヨリノ作法ニテ那智ノ滝衆送リ届ケ、鳥居ヨリ直ニ出ツレハ禅家ノ導師是ヲ受取テ葬礼ノ儀式ニシ、浜ノ汀ニ輿カキスヱサセ、引導スミ諷誦終リテ舟ニ乗、廿余丁漕出シテ辰巳ノ方綱切島トイフ所ノ海中ヘ死骸ヲ水葬セシム」とある。近世初頭の段階ではすでに死骸を水葬にする儀式を補陀落渡海としていたことが明らかである。文政年間に書かれた『南紀名勝志略』にも同様に「只今も補陀落寺の住持遷化の時、死骸を舟にのせ此浦の沖に捨てるなり。是を補陀落渡海といふ」とあり、近世を通して渡海が水葬であったことが示されている。尾畑喜一郎氏は、こうした近世の史料から近世段階では生きながらの渡海入定が行なわれず、ほぼ中世の天正年間で中絶したと推察している（前掲論文）。

生きたままの渡海か、死後の渡海＝水葬かそれを断絶とみるか、連続とみるのかは、にわかに判断し難い。しかし中世的な型と近世的な型とに分別するとして、その変化ないし移行のプロセスには興味が湧く。この点、尾畑氏もとり上げている金光坊伝説には興味深いものがある。これは金光坊という僧が、生きながら、補陀落渡海をはかった。この時は死期が近づいていたときなのであり、やはり船にのせて、入水させる方式をとったのだが、金光坊命が惜しくなり、どうも抵抗したらしい。そこで役人が無理に海中に押し入れてしまった。それ以来、存命中に渡海＝水葬はさせない定めとなったというのだ。近世初期の出来事らしいが、死期が迫った時点で渡海させるという定法があったことが分かる。そして金光坊伝説で面白いのは、那智浜で人の死骸を喰べる魚のヨロリというのは、金光坊の生れ替りと口碑で伝えてきたことだった。たぶん金光坊の遺執を感じてのことだろうが、渡海僧の生れ替りを意識したことは、渡海のもつ本質的部分を示唆するかのようである。

尾畑氏の補陀落渡海に対する説明でユニークな見解は、那智の扇立祭りをになう那智の滝衆が渡海上人を見送る際に重要な位置にあることから、旧一一月末の農耕祭である、山の神＝田の神の交替を軸とした神送りが、渡海に関連することを指摘したことである。やや飛躍したところもあるが、稲の刈入れが終了し、穀霊をいったん海の彼方に送りこむ、そうした時期に補陀落渡海が行なわれる点に注目している点が興味深い。渡海を神送りに見立てるまでには、なお他の資料と比較した上で考えるべきであるが、たん仏教的解釈のみでは理解できぬ要素のあることはたしかであろう。

水葬としてとらえることは、近世に具体化されてはいるが、あくまで生きながらの渡海を前提とした慣行のように思える。他界への再生を意図する儀礼が、葬送儀礼として形式化したとき生じた新しい型の渡海入定である。だから伝統的思考に沿う水葬とはいえないようだ。

益田勝美氏は、補陀落渡海を日本人の死生観と関連づけて興味深い論を展開している。あの戦争の極限状況で生まれた「死して護国の鬼となる」という思考は、絶対絶命に駆り立てられて、死後再生を求める再生観に裏づけられたものである。それとは微妙な差はあるにしても補陀落渡海も、同じ死の契機にもとづいており、何らかの共通性が予想されるというのだ。「どちらも〈生〉ないし〈死〉の一つの意識でわりきることのできない意識のカオスで、それは日本人の民族的体験として、形を変えてぶり返しぶり返ししたものではないのだろうか」(「フダラク渡りの人々」『火山列島の思想』所収)。ただ補陀落渡海については、夢があるという。小舟にのって大海に出るという心情は、死の契機にもとづくものであり、死の意識とは重なり合いつつも、なおそれからはみ出す、強烈な〈生〉の意識があるというのである。

三

異郷の地への再生が、補陀落渡海の目的だとすれば、日本人の伝統的な他界観の論理からいうと、かならずや現世の枠組みの中にその証しを求めようとするだろう。数ある渡海上人たち、海上彼方へ去った後その行くえは誰も知っていないし、記録には何もない。ただ一人日種上人なる者が、うつぼ舟にのって、那智浦より出発し、七日七夜を経て琉球に漂着したという伝説があった。

現在沖縄県石川市の金武《きむ》村に、観光地でも名高い金武の洞窟があり、これを観音寺という。洞窟は沖縄地方では聖地であり、古名をティラという場合が多かった。ティラは寺にあてはめられ、仏教寺院に変形したものである。『琉球国旧記』には、嘉靖年間日本僧日秀上人なる者が、流れにのって冨蔵津に漂着し、金武に寺社を創始し、弥陀、薬師、正観音を安置したとある。『球陽』の中にも、日本僧日秀上人が、やはり流れにのって漂着し、観音寺を建立した。そして悪霊を退散させたことなどを記している。『球陽』は渡来年代を正徳年間にしているが、どうも嘉靖年間にした方が正しいらしい。そうすると一六世紀の初めのころであり、熊野の補陀落渡海のころとも照応している。

波にしたがいて漂着した僧であるが、別に補陀落渡海の僧だという記事はない。しかし、風向きは熊野から沖縄の方向に吹く時節であり、海流の様子によっては、渡海僧が漂着したと考えてもおかしくはない。渡海僧の名前については、熊野では日種といい、当時の琉球では日秀と伝えた。日種を日秀と表わしてもそれほどちがいはないはずである。ともに伝説上のことだから、確認はしがたいが、しかし沖縄では日秀の人気は高かった。

日秀は小さい箱に入れられ、波のまにまに漂いながら、金武村の現在の福花の浜に漂着したのだと語られている。この地に流れつくと、村人は、箱から上人を出し、近くの泉で茶をわかし、上人に上げると、ようやく日秀は生命をとり戻したのだということである。日秀は、当時、金武の洞窟に住み、村人を苦しめていた大蛇を呪文でもって除いて苦悩を取り除いてくれたとも伝えている。

日秀の渡来を祝って、次のような民謡が作られた。

神人来兮、富蔵水清

神人遊兮、白沙化米

つまり日秀を海の彼方からの神人ととらえ清水と米作の豊饒がもたらされたのだという。

伝説上の事実ではあるが、補陀落渡海を目指した僧が、異郷への入口である熊野を舟で出発して海上を放浪し、ようやくたどりついたのが沖縄であった。小さい箱からとり出されたことは、再生を象徴的に意味することだろう。それにより奇しくも、他界への再生が可能となったのである。日秀が渡海によって目指したユートピアへの生れ替りが、この地で果たされたということができるのであろうか。

いわば異郷である地で日秀は神人として迎えられた。箱舟にのってきた神人であり、いろいろと奇蹟を示し、人々に崇拝された。観音寺としたのは、観音補陀落を予期してのことだったろう。

このように補陀落渡海の現実性がいちおう記録に残された事例は、他にほとんど見当らない。この伝説が事実かどうかは別として、そのように信じられていたことだけは明らかだった。たぶん補陀落浄土は、現世の中に位置づけられて然るべきであったのだろう。

それは幻の島であって、例の高麗島とか、三井楽の岬のような存在だったのかも知れないが、その地に再生するという観念は、日本人が蒼海をたえず思う心情と深く関わるためであったろう。これを水葬とするのは一つの解釈である。海の彼方のユートピアの現実化を信じ、生きながら渡海入定した行為は、明らかに死をのりこえた他界での生を具象化させる意気ごみに裏づけられてきたことであり、これも一つの道理であったのである。

三　沖縄のミロク教

一

沖縄県に、新宗教が簇出しつつあることは、すでに予測されていることであったが、その実態についての研究報告は従来ほとんどなかった。しかし、近年の桜井徳太郎氏による沖縄本島与那城村屋慶名に起こった生天光宮《せいてんこうぐう》の報告は学界の大きな注目をよんだ。教祖渡嘉敷シズ子氏が有能で独創性の高いユタであり、彼女が神のウシメシにより、神の言をメモする。そのメモの集積が教義化する。生天光神という神格は、昭和二九年旧九月六日に、渡嘉敷家のトハシリ（一番座入口の戸口）に降臨したといわれる。もちろん神ダーリィのプロセスで出現した神であったが、その啓示が創唱性に富む内容であった（桜井徳太郎『沖縄のシャマニズム』昭和四八年、三二三―四一六頁）。桜井氏の説明では、渡嘉敷氏の入巫過程で、神ダーリィの最中に、神のウシメシを毛筆で書き写すという特徴がある。神ダーリィは、一種のトランスの状態だから、忘我自失のまま、本人はもちろん何を言い、何をしたのか分らない。その状態で白紙の上に筆書きがなされた。それは最初奇妙な抽象的な図柄であり、それが固まって文字化され、形となったのが「天下」とか「天下神」、「天下静」で、これは神の天下りと解読され、この神が生天光神と名づけられたのだという。

本稿で紹介するミロク教は、筆者も以前調査の一端を報告したことがある（拙著『ミロク信仰の研究』新訂版、第七章所収、昭和五〇年、未来社）。

昭和二九年の三月一八日朝、当時コザ市喜間良五二三番地で、米の配給所を営んでいた比嘉良弘氏の妻ハツさん（当時四一歳）が、突然絶食をはじめた。水だけは飲むが、食物は一切とらないで、それが四〇日間続いてから、四月二七日に「黄金の森から宝を掘り出せ」との神託があった。当時を思い出してハツさんは次のように述べたといわれる（神田孝一「比嘉初女史」『心の科学』6号）。

「朝四時半ごろ、星をみろという啓示があったので空を見上げると東の方に一ツ輝く星があり、その星と話しをしたら、急に全身に飛び込んできて一瞬に人間的な考え方がなくなって、口から

タイコクノミルク、フノシマニ

イメンシバニヘイワ、マモラレテキラナ

という歌が出た。星の神さまから、うまれ出たのです」

神託によって、家から二〇メートル離れた小高い丘（昔から黄金の森とよばれる）を翌朝早くから穴掘りをしたら、三時間後に、鐘乳石の陰陽石が出たという。これがミロク神の雛型とよば

れるもので、以後本尊として崇められている。

比嘉初氏のライフヒストリイの概略を示すと、彼女は、国頭郡久志村三原の農家に生まれた。六歳のときから、異常能力の持主とされていた。あるとき妹を背負って海を眺めているうちに、沖のアダカ島の上に光りを見た瞬間、口から歌がとび出た。すなわち

海の真中に神車立てて
海が破れたときには
また、作ってあげましょう

これがいわゆる神歌として発せられた最初のものらしい。

成人して本土に渡り、尼崎市の久保田鉄工所で工員として働き、二三歳のとき、同じ職場で働く、沖縄出身のご主人と結ばれた。その後広島に移った。あの原爆投下直前の八月五日、原爆投下を預言して、夫婦と一家は難を免れたという。そのころからすでに初女史を特別扱いする人たちはおり、時折発する預言を信ずる人もいたのである。

やがて沖縄に戻り、現在地で米の配給所を営んでいる最中に、前記の神がかりの状況におち入ったのであった。

先の生天光宮の渡嘉敷シズ子氏の場合と同じく昭和二九年に神がかりしている。ただ異なるのは、神ダーリィの状況で、口から次々と歌がとび出し、それを脇にいた家人がメモにしたという

こと、そして神格にミロク神という名称を与えていることである。

なお桜井氏の論文で明らかであるが、渡嘉敷シズ氏のライフヒストリイと、比嘉初氏のものとはよく似通っている。二人とも同年代で同時期に本土に渡り、終戦と同時に沖縄に戻り、ともに苦労の多い生活を経てきているのである。

二

ここで主として紹介しようとするのは、比嘉初氏の開いたミロク教の教理面である。別の論文ですでに紹介したように、ミロク信仰と深い関係があるこの新宗教は、沖縄の伝統的ミロク信仰とつながりがあるとすれば、いかなるものなのか一つの課題でもある。資料として用いるのは、『竜宮城—宮古島の記』（沖縄ミロク教心の科学会本部）という小冊子である。七七頁から成る紺色の表紙で、奥付はない。たぶん宮古のミロク教の責任者の一人である砂川真長氏が編集したらしいことは、本文中の文章の片々から推察できる。そして編集した時点は、昭和四四年酉の年のようである。

冒頭の「表題に寄せて」の中で、次のように書かれている。

酉年は世界で最も激しい年であった。犬年の始めに竜宮城と命名し、発行した事も犬が引出すエンヤラサーの喜びの大きい年であり、伊良部飛行場訓練所建設と共に宿命の島から一八〇度転換し、地上天国竜宮城としてミロク世の出現でもあります。

また次のような表現もある。

それに世界では酉年にちなんで、タカ派、ハト派と政治家は世界平和論をかわしている。沖縄の日本返還も結ばれ、このように現実は実現してくる時、ミロク世到来と共に、アジアの中心となる事は、間違いありません（一六頁）。

酉年は昭和四四年にあたり、戌年は翌年である。ちなみに、先の生天光宮の昭和四四年旧一月八日のウシメシでは、「酉年は、世の中のあらゆる事の道開きすじを立てて行く年なり。神世の御光さし給ひ、道のもろもろ清められ、喜なる道をさとしすく《(教)》ゐ《(え)》り。みちびきなされる尊き御年なり（下略）」（前掲桜井著、三四一頁所引）という文言がみられる。ここでもミロク教が酉年を大いなる転換の年としていることと一致する。

その酉の年に、『竜宮城』なる小冊子が作られ、信者の間に普及したものらしい。なお心の科学会本部は、後述するように東京側からのオルガナイザー的存在とみなされる。

さて、ミロク教の中で、理想世としているミロクの世は具体的に、沖縄の現実世に即して、次のように説かれている。

白波が押し寄せてくるように天然ガス、開発と共にチクロの製造禁止により、砂糖も値上りして、もうミロク世は眼の前です。来年は戌年で戌が引き出すエンヤラサーの年であり、喜びの年です（一六頁）。

つまりミロクの世は、酉年の次にくる年だということになる。だがそれは突然来たものなのではなく、ミロク教の立場で言えば、岩戸ビラキすなわち洞窟を次々と開発していく積重ねによって、はじめて可能となるというプロセスが作られている。

ミロク教の中心行である岩戸ビラキは、洞窟を聖地視して、礼拝することに意義があるが、そこに独特の世界観が秘められている。次に資料を提示してみよう。

沖縄全琉島々、村々に天の岩戸が三千余りあります。その道名前を入れておけば島々、村々にミロクの世豊かをあたえる産土神と申されている。この道皆なが知らぬために岩戸の中の自然をこわして自然の美を失いわからぬためだと思いながら実に悲しいものと思う（五頁）。

沖縄は珊瑚礁の島々であり、海辺や陸地の随所に洞窟があり、そこには破壊されないまま自然が保存されている。そしてそこにみられるさまざまの鐘乳石の形象が、さまざまに神格化されていることも一つの特徴である。たとえば塩椎大神、七福神、キリスト不動明神、マヤの元、観音様、竜神、竜王、姫艮神等々、神名は、神、仏、キリスト教など不統一のままつけられているが、岩戸が八百万の神々の集う場であるという認識がある。「岩戸こそ、地の母元であり神の世界である。岩戸内は自然冷房され、黄金柱一切の自然の調度は七宝を以って壮厳極りなしとは、正にこのことと思います」（一三頁）と述べられている。

さらに「岩戸こそ、地の母元（地の陰部）」だとする。「仮に、人間を宇宙と見た時、陰部は地の岩戸（自然ガマ）と同じである。即ち、天地は大宇宙である故に天は父、地は母であり、岩戸は地の陰部、母元（産み下し）である」（一二頁）。

洞窟には始源の世界があり八百万の神々と世界を根元ともいうべき「地の母元」という地母神的発想がみられる。そういう世界のあることを人々に知らしめる。それが岩戸開きの一つの意味である。

日本誕生意味知らば天の岩戸の開きを致してミロクの御代の造り主、コザ、八重島より戦後神命で比嘉初に言渡されて天の岩戸開きを始めた。

と記している。岩戸の神々は人々の守護神でもある

天の岩戸に仕組ある自然の神は人民を守っている国造りの大神であるよと知らしてあること、神の道は知らないために自然の神はある物とはかって呉れよと神人がいる迷いでは絶対なく。

三

さらにミロク教では、洞窟中心に世界の構造が論じられている。自然の仕組みは、陰陽の仕組みとなっているという。自然は天と地、陸と海、火と水、山と川、男と女、満潮と引潮、裏と表といった組合わせで秩序を保ち、これを神が統合しているのだ。自然の調和が崩れると不自然となり、「陰陽スパーク」の状態になるという。天地の不調和、陰陽スパークのない状態がすなわちミロクの世であり、世界平和なのだという。

抽象的な表現ではあるが、洞窟内で自然の秩序が保たれている世界が「ミロクの世」の基本であるとする点は、きわめて明確であろう。

具体的な洞窟観を示す例をあげておこう。

伊良部の下地には鍋形をしたガマ（洞窟）がある。直径一五メートル程度の円形で、地下は七メートルほどから海水の池、その周囲は鐘乳石が林立しているという。ミロク教では、このガマが、昔よりミロク世建設のために大きな役割をすると説く。

「此の鍋の水で洗い清め上に上ると途中に母の陰部を形どった穴がある。此の穴をクグリぬけて外に出る様になっている」。つまり一種の胎内潜りである。「此の穴の仕組は、即ち、安産して人生航路の第一歩はスタートする教えである。此処の神様は即ちミロク世の神様である。産み出す力と洗い浄める力であり、鍋はユー（世）であるから世の神様である」（二六頁）。

胎内潜りによって、浄められて生まれてくる。ミロクの神は、生み出す力と洗い浄める力をもっているというのである。


これが下地島のガマに備えられている理由は、この地に伝えられた伝説による。この伝説は、大昔漁師が、エイの大魚をつかまえてきて、夕飯のおかずにするために、外で火にかけて焼いていた。すると家の中で子供が泣き出して、しきりに伊良部に行きたいという。その子は、エイが海の彼方から津波を招くために、ひそかに海神と話している言葉を聞いたのである。母親の方はそんなことは分らないが、子供があまりせき立てるので、魚を半焼きにしたまま、あわてて伊良部へ行った。その直後、大津波が島を襲い、一瞬にして村は破壊されてしまった。子供と母親のみが生き残ったという。それ以後その地に村はできなくなったと伝える。自然界の破壊があって、全村が滅びてしまった地に、ガマがあり、そこが世界の再生の原点になるのだろうという思考が、そこにはある。「伊良部の下地島を中心として、やがてアジアの中心となる事、間違いありません」と説かれているのだ。ここには始源の世＝ミロクの世の再生という観念が認められるだろう。

また岩戸開きつまり洞窟を発見していくプロセスで、大戦の戦死者戦災者の遺骨が数多く探し出された。これを信者たちは引き取り、納骨堂に納め、かつ洞窟を洗い浄めている。
また洞窟内で思いもかけぬ太古の人骨や遺跡が発見されることがある。遺骨の蒐集や遺跡の発見という副次的所産が伴うことによって、ミロク教の行動はときどき世間の眼を集めることがあったようである。

四

次の特徴としてあげられるのは、ミロク教が、沖縄の神話上の預言にもとづいていると主張されていることだ。これをはたして比嘉初氏が開教の神託の中で悟ったことかは疑問ではある。この預言が『竜宮城』の中で説かれているが、主に宮古の側の方からしきりに強調されているむきがある。

それは宮古の神話上の預言者クバヌパーズの預言によるもので、これによってミロク教が位置づけられているとする点は興味深い。その主旨は、岩戸開きをして地の母神を礼拝することによって、ミロク世は到来する。これはクバヌパーズの預言によるものだというのである。

クバヌパーズの預言は、次の文句に示されている。

一、上は下なり。下は上なり（アンチ悪の世）なり、カンタが世なり、坊主が世なり
二、ナスピ木ぬ下んむぬおつき、ユーサからラリ夫をむち
三、人はころころ〱、赤インだらだら
四、南ぬ島から、うぶからず、みどんぬ、白船がまから、きし世やなうり、山ぬ木ぬ赤みって、青んばな

難解な語句であり、容易に理解されないが、一節目は、階層差別がなくなることを意味するらしい。二節目はよく分らないが、ミロク教では、未成年の貞操観念がなくなることを意味するとのべている。三節目は、印鑑を沢山用いることをいっており、人間同士の信頼関係が薄れることを意味するらしい。四節目が、ミロク教にとっては重要である。これは南の島から髪の長い女が、白い船にのってやってくるという預言で、そのとき山の木は赤色から青々と繁るだろう。つまり世が栄えるだろうという。このことについて、ミロク教では、宮古において、比嘉初が、大神島で岩戸を開き、最後は多良間島であった。南の島は多良間であり、全て世を開き終わった神女がすなわち比嘉初で、多良間の方から比嘉初が、神船に乗ってふたたび戻ってきたとき、この世が繁栄する。つまりミロクの世になるというように解釈する。ちょうど第二次大戦で赤土化した山々に植林して、青々と木が繁った今の段階が、正しくミロクの世の時期にあたるというわけである。

クバヌパーズの預言には、終末的状況にあって、神女が神船にのり、南方海上から来って、世を救うというモチーフがうかがえるのである。そこで、このモチーフにそえば、「本当に比嘉初先生こそ神の使者であり、ウプカラズミドンである」（四八頁）ということになる。

つまりミロク教の宮古布教の正当性を説こうとする姿勢が明らかだが、それを伝統的信仰に密着した預言にもとづこうとする点が注目されるべきである。

宮古への布教は、昭和三六年で、大神島の岩戸開きを第一回目に行なった。昭和四四年酉年までに、宮古全島一〇〇余りの洞窟を開いている。その間比嘉初氏は、八回にわたり宮古を訪れ、一五〇日間を要して岩戸ビラキを実施している。

宮古で最初の岩戸開きがなされたのは、大神島のガマに対してであった。亀川春氏を先導とし、比嘉初、具志堅用信、松田ツルの三氏を中心に、約五〇名の地元の人たちが加わって、めったに他所者を入れない大神島のガマが開かれたという（四六―四七頁）。大神島が最初に選ばれたのは、宮古の子の方にあたるからで、順次子の方からめぐっていくという意図によったという。

六百年前クバヌパーズが預言通り大東亜戦争年廻りの今度の酉年に岩戸開きの聖業に終り、預言通り実行された。そして宮古島は島の発祥以来のミロク世の悦びを目前に控えている。即ち伊良部島の飛行訓練場とクバクン台竜宮城、大元権現である（一九頁）。

預言が次第に現実性を帯びてくるというのは、預言信仰につきものである。右の表現だと、その預言が「ミロクの世」現出と結びつき、しかも具体的に宮古では酉年からはじまるとしている。

ここでミロク神の預言として重んじられている伊良部飛行場については、昭和四一年ごろからミロク神の託宣があったとしている。建設問題が複雑化したとき、比嘉初氏は本島からかけつけ、自費で下地の通り池に鳥居を建設してこの飛行場が、かならず完成すると主張したといわれる（五〇頁）。

そして現実に飛行場は建設された。本土復帰の前年、たまたま比嘉初氏を訪れたとき、飛行場建設祝賀会で、彼女は宮古に招かれ、予定の日に、戻ってきていなかった。預言が当ったことについて大きな喜びがあったことだろう。しかし昭和五〇年の今、飛行場は自衛隊の管理下に置かれようとしており、地元はこれに猛反対運動を起こしていると聞く。復帰以前には、地元民は多く賛意を示し、設置運動に熱心だったのである。ミロク教の預言の現実との矛盾をどう解いたらよいのだろうか。

五

さて、ミロク会の会員は十分組織化されているわけではないが、有力な信者は、それぞれ十二支の神を名乗っている。すなわち子の神、丑の神、寅の神、等々である。有力信者をみると、具志堅用信氏は電気器具商、外間清功氏は洋菓子屋をやっている。比嘉初氏のご主人は、電気工事請負業として名をなしている。

教理の体系化にあたって、他宗教の影響のうかがえることは想像される。たとえば宮古の支部長砂川真長氏は、谷口雅春の生長の家の信者であった。「私は生長の家神想観の如意宝珠観をこれまで家で念じて来ましたが、実感を悟る事が出来なかった」。しかし、ミロク教に入信したことにより、「実相の世界であるが比嘉初先生は実相の世界の探究の使命を生まれながら果たす人である事を悟りました」と述べている。また「谷口先生の教えが縦（天体）の教えであり、この比嘉先生の教えは横（地球体）の教えである」（一八頁）とし、これが縦横天地陰陽の結びつきとして、論理づけられてくるのである。

「岩戸開き」の名称にしても、生長の家で説くところでもあった。谷口雅春の昭和四四年九月「理想世界」に掲載した論文に、「宇宙浄化の大神としてこの世の迷いと混乱とを浄め給ふ、住吉大神様この汚れたる世を浄め給ふよろずの事を綜合して吾等の天の岩戸開きの為に何を為すべきかを指導し給え（下略）」。ここでは住吉大神、オモイカネ命など神道上の神々の名があるが、沖縄宮古では、保良竜宮城大元権現、塩椎の大神様といった土着神の名をあげて、岩戸開きを説いた。

ミロク教の方では、大元権現や塩椎の神という宮古のガマ内の地の母神の指示により、谷口雅春をして、天の岩戸について説かしめ、谷口の悟りによって、日本全国から宮古の洞窟に参拝にくるのだと解釈している。

宮古へ、ミロク教が布教されるについて、その導きをしたという亀川春氏は、最初やはり生長の家の信者であった。彼女は六歳の頃漲水御嶽に、母親に連れられ参拝したが、そのとき神秘体験をしたという。それは眼前に白蛇をみたのだが、それは尾の切れた片目の蛇であったという。それまでは蛇を恐れていたのにそのとき急に蛇が好きになり、蛇の近くに行って向い合うと、白蛇も、春さんに近寄り、舌を出したり、引っこめたりした。ふと母親にうながされたときは、白蛇は神殿の中に入ってしまったという。

成人した後、春さんは、生長の家に入信し、講師をつとめ、各地を伝道して歩いた。たまたま本島に出て、石川市を布教しているとき、ミロク教のことを聞き、急に比嘉初氏に会いたくなり、はじめて比嘉氏の家を訪れた。玄関で二人が出会うと、比嘉氏は急にあらたまり、「漲水神社の神様の御使」が来たと、ていねいに座敷に導き、そこで白蛇の話が出て、「貴女は生まれながらにして宮古島を救うために大きな使命がある」とミロク神に教えられた。そして生長の家から身を引き、ミロク教に入信したと説明されている（四三—四四頁）。

宮古においては、砂川真長氏といい、亀川春氏といい、以前生長の家の信者であった人たちで、率先して転信したことがうかがえる。ミロク教にとっては、それを足がかりに、宮古の岩戸開きを開始したことになる。したがって、教理の上では、はるかに整った生長の家の影響を受けていることは否定できない。そのことは、「生長の家谷口先生の説では、云々」という箇所が随所にみられることからも明らかである。

昭和四四年酉の年、東京の心の科学会神田孝一氏とその一行が二月九日に宮古を訪れたことになっている。ミロク教は、心の科学会を主宰する神田孝一氏と比嘉初氏との出会いによって、一つの転機が生まれたといってよいだろう。心の科学会の機関誌『心の科学』六号（昭和四一年六月）には、比嘉初氏のことについて、神田孝一氏が、賞揚の記事を書いている。

神田孝一、比嘉初両氏の結びつきは、たとえば神がかりの行事の際の託宣の中で、次のように語られていることからも分る。

曰く―本部不二に火の理、天主天降り、八重岳世界の結び、日本との結び、沖縄全体の結び、平和の立て直し、世界の平和の結びの世をつくり給ふ大仕組なり、そのつとめ知らば、十二の光り頂く神田孝一氏なり、日本のみやげ、やたのかがみ、十二の光り、十二方見渡す世界を見抜く力、神徳を与えたり。

ミロク教は、表面上にはミロク会を名乗り、心の科学会（主宰神田孝一氏）の沖縄本部となっている。心の科学会の活動が最近どのようなものかは不十分なので、これ以上その点について言及はできないのが残念である。この点は今後の調査にまちたいと思う。

六

大神島ではじまり多良間島で岩戸開きは終了したが、多良間は宮古群島最後の神結びとして重要視された。とくにここのガマである土原御嶽は、ミロク夫婦大神といわれる。「天の世丸《まる》みのミロク大神様が陰陽をかたどって御臨在なされる宮」であるという。陰陽大神がここに祀られ、これがミロクの世の現出を果たす祈願の場となっていることは、ミロク神のモデルが、陰陽二形であったというミロク教最初の思考に連なるものだろう。

たとえば『竜宮城』の中で次のように説かれている。

天地陰陽の大神様共に八百万の神々に吾等の常の願いは国の平和とミロク世共なう家庭に幸せと悦びを与え給えと願い申奉る（二頁）。

八重島本宮にて立合される陰陽の大神様共にミロクの大神様より差入れされる常の願い事何処の島々何処の村々にて筋道正しく与えられる願い事は一分一厘の狂いもなく願う人の真実は叶えて悦び差入れ申し奉らん（下略）（三頁）。

戦前、私達が荷をかつぐ時、『エンヤラ、マッカーサー』と自然にとなえたこれも皆神の暗示です。即ち、日本沖縄は一時マッカーサーの支配下になりましたが、私達はマッカーサーをかついだ事になります。これも終戦と共に自然に消滅した（一五頁）。

戦後のアメリカによる支配も、これを一つの宿命として肯定する思考がある。「エンヤラ、マッカーサーを暗示させた神様」があり、この神は、つねに世界の動きを予知し、司っているのである。その神の言葉に

十七年穴よりくぐって逃れた命、大東亜戦争二十四年戦さの後はミロクの世となりて家庭の暮しも昔の夢よりさめた如くいただくすべて感謝知ることが天が下に休めし大神こそ全琉戦さで命拾いを致した元根知ってもらえる天の岩戸人にいわせば洞窟と言う（五頁）。

とある。戦争体験に終止符を打ちたいという沖縄人の願いがしみじみと分かり、これが「ミロクの世」に連っているのだ。

霊界における宮古での作業は終了したとするミロク教では、次のようなしめくくりをしている。

現象界にも月着陸も成功し地上と月との結びも終了しました。此れから早く御宮を建設しミロク世を祈願する事です。共に参加して戴いた宮古の神子達よこの行事を行ふ為に寒さに耐え海で清め道なき道をあゆみ世の人から冷笑されても只だ神一筋につとめて来た事はかならず歴史に残り、末代の神徳は導れると信じています。二月九日来島する日本の方々は此度は袖山の神々と日本の神々と富士山で結ぶ事になります。やがては日本から此の尊い宮に次々と参拝に参ります。今度の犬年からは喜びの年で有ります様に神子の皆様に御礼申上御多幸祈り自然の教えと岩戸開きの記と致します（六六頁）。

このように酉年から戌年への過程を、ミロク教では一つの変革の年と考えていたことが明らか

であった。

昭和四四年一二月一九日午後二時に、比嘉初氏の託宣（神示）として公開された神歌を次に掲げておこう。

天主の光身に受けて　三千世界の建直し
小さき小島の宮古島　袖山のぼりて見渡せば
四方の海に輝いて　尊き島の白波も
寄せ来る米の粒の如く　四方の海から徳寄せて
四方の海から豊かをば　世界に通す太平洋
東支那海眺めつつ　吾が島豊かな風吹き匂う
諸人豊かの匂い胸にうつし
サーアノヽれい明輝く歓びの島
四方の島を眺めたら緑の世界草木まで
春夏秋冬緑の草木茂る如く
眺める吾等の悦びは島の豊を示すなり
島の東西南北護る吾等の神柱
世界をかたどる平良市
輝くネオンの美しさ
吾等の島の光をば受けて悦ぶ民草も
海からサンゴ色々の宝持ちよせて

世界の人類愛善を漲神社の
福徳は、町や村々の繁昌輝かん
西に向へば伊良部島、巻山通して通り池
世界の平和と繁栄をこの世を護る生き神は
巻山通して鏡を映す通り池
天地に結びて空には飛行機金銀の
七重の色を並べつつ黄金の御世の国柱
やがては開く下地島
吾が国尊き主の親知る時は
宮古島に訪ずれる
世界の人類平和に建直す母の国
母の愛情吾が島ぞ
寄せ来る徳も科学文化も
平和に繁栄神柱
見える世界も良かけれど見えない世界の徳多し
ミロクの御世の建直し努めよ人民励めよ
吾等は国の栄を吾が家の悦び
島の四方この世に生きる物々
未来末代世界に結び
ただ人間は世界人類愛善ぞ

これミロクの御世の建直し

これらはすべて沖縄が復帰する以前のミロク教の思想と行動であった。沖縄の時代認識として、ハダカ世―チュウカ世―ヤマト世―アメリカ世という思考がある。ミロクの世はこのうちハダカ世に相当する部分が多い。それは始源の世でもある。ミロク教は、洞窟の中の自然の秩序の世界に基本的モデルを見出したが、現実の活動の中では、アメリカ世から日本復帰のプロセスの中に具体的ミロクの世を求めようとした。それはその時点での沖縄の繁栄を思う沖縄人の志向の一つであって、われわれにその当否を問う資格はない。この調査報告の資料も、復帰以前の段階のものであって、現時点でミロク教がどういう変貌ぶりを見せたのか、あらためて実態をトレースしたいものと考えている。

四 「鄭鑑録」の預言

一

預言は、未来における世界のあり方を明示し、そこに人間の救済を意味づけることで、宗教倫理、宗教的世界観に関わる重要な主題であることは言うまでもない。すでにイエスやマホメット、仏陀などのカリスマ的存在による預言は、多くの人間に対し信仰の道を開いたことは明らかである。これがいわゆる高等宗教の世界に限らず、民俗宗教の中にも多様な形で展開していることも知られている。民俗信仰として断片的かつ潜在的に広がる現象を総合化させる志向をもつのが預言信仰である。それは未来世をどのように思考し、現世をひっくるめてどのような世界を構想していくのかという、民族が固有にいだく世界観と究極的に結びつくものだからである。

筆者は先年来、日本のミロク信仰の実態を究明してきた。仏教が内包する救世主信仰というべき弥勒仏の信仰が、日本に伝来してきた結果、どのような様態を示したかという点で、一つ言えたことは、五六億七千万歳後に未来仏弥勒が出現して、この世を救済するという観念が、そのまま土着化するわけではなく、際立って民俗信仰化されてしまったことであった。たとえば弥勒というカリスマ的存在の救世主が現われるということよりも、「ミロクの世」という漠然としたユートピアが描かれて、それがラジカルな運動を伴わずに出現するだろうという一種の幻想が生まれている。「ミロクの世」が実際に実現するのかどうかはここでは余り問題にならず、「みろく十年辰の年」といった口碑があるように、ほぼ一〇年か一二年を周期として、「ミロクの世」がくり返し現われるだろうとする思惟もうかがえるのであった。

これは神話によって表現されるものではなく、日常生活下の潜在意識の一つの表われと思われるもので、決して体系だった信仰となっていない。だが預言という体系の中に、この意識を吸収させたのが幕末に簇生した新宗教の一群であり、とりわけ注目されるのは、大本教の預言であった。大本教の預言の特徴は、戦争を契機に終末が起こり、ミロクの世が現出するということを説くが、いずれも日清、日露、第一次世界大戦、第二次世界大戦に対応する預言となっている点が世評をあびるところとなっていた。ある奇妙な一致は、民俗信仰の中で、辰年あるいは巳年を「ミロクの世」出現の契機とする思考が存することであり、この年が周期的に訪れ、それを期待していることがある。このくり返しの周期が実は大本教の預言の時期と結びつくことがあり、それについては、別に示したので、ここでは触れない（『ミロク信仰の研究』新訂版、未来社）。

潜在的な「ミロクの世」の出現を、顕在化させ預言の具体性を示そうとしている点に、大本教の特徴があるといっても過言ではない。だがその現われ方には、未来世と現世とが共時的に発現するという特性があり、これはミロクの日本的な型の反映が預言のあり方を規制しているものと見られた。この点を比較宗教史あるいは比較民俗学の観点から検討する必要性を感じ、小論では、朝鮮の預言信仰の典型とみられる「鄭鑑録」預言を中心に、若干の考察を試みたいと思うものである。

二

すでに村山智順は、朝鮮に行なわれていた民間伝承の預言は、国家の興亡と隆替に関するものが多く、これは易姓革命を志向する朝鮮民族の思考によると指摘しており、興味深いものがある（村山智順「朝鮮の占卜と預言」昭和八年）。

冬雷が鳴ると国に大災難が起る。
虹が太陽を貫くように見えると国に大乱があるという。
日蝕は国に大乱起る前兆なりという。

一月十五日の月が非常に赤く見えると国に乱がある。
太陽の周囲に星が現われると国に変がある。
慧星が見えると戦争が起る。
地震があると国に大禍があるという。

日月星辰の異変を、兵乱や国難に結びつけて予兆とみる考えは、古代社会においてはかならずしも珍しいものではないが、これがかなり後代に至るまで民間伝承として口碑になっていた点が目立っている。こうした予兆が底流にあって、国家興亡の預言がしばしば強調されてきた。とくに王朝の交替の時期にあたっての預言が人々の耳目をそばだてているのである。百済滅亡に際し、一鬼が宮中に出現して、「百済亡、百済亡」と叫んだこと、地中から出土した亀背に「百済円月輪、新羅如新月」という預言文字があったことが、国運隆替の兆ともみられていた。

高句麗滅亡に際しては、「後有二神人一、現二於高麗馬嶺一告レ人云、汝国敗亡無レ日矣」(『三国遺事』)、すなわち一神人が、馬嶺に現われ預言したというのである。

李朝五〇〇年の間に、数多くの預言があったが、異彩を放っているのは、都に異人が出現して国難を告げたというものである。白岳の夜叉と称された異人は、笠をかぶり、破れ靴をはき、汚れた衣服を着け、狭い袴を股のあたりにまきつけ、巨大な顔、身長は一尺五寸、なまぐさいにおいを放ち、真赤な口を開いて、何やらべらべらしゃべりまくった。その内容は明年大乱が起きるというものだったという。白岳は京城の北方にそびえる高山である。鬼とか神人、夜叉という非日常的存在が、国難を告げるために都を訪れてくるというモチーフがここにはある。

三

さて「鄭鑑録」は、民間に伝承されているもっともポピュラーな預言書といわれている。李朝の滅亡をより強く訴えるものであったために国禁となり、ひそかに伝えられてきた。一九二三年に、金用柱編集で活字に付されたものが、もっとも眼に触れやすいとされている。今その目次を示せば左の通り。

一、徴秘録　二、運奇亀策　三、要覧歴歳　四、東世記　五、東車訣　六、鑑訣

七、鑑寅録

この中で、もっとも人気のあったとされているのが、鑑訣である。鑑訣の筆者は鑑とも堪、湛とも記されるが、おそらく偽名で正体不明とされている。多数の異本が出まわったらしく、なかなか原本と目されるものがはっきりしていない。それだけ、民間の秘書としての効用をもつものであったのである。

一般に「鄭鑑録」と言う場合には、鑑訣をさすようにもなっているが、それほど鑑訣の預言は鮮明なのである。鑑訣に注目して内容を検討したのは、村山智順『朝鮮の占卜と預言』、細井肇『鄭鑑録』で、ともに一九二〇年代の朝鮮の状況を踏まえた出版である。とりわけ後者は、京城にあった自由討究社より一九二三年に刊行されたもので、著者による分析がなされていて貴重である。これらの解説書をみても、言うところの意味は難解であり、全容を把握することは困難と言わねばならない。その中軸となっているのは、陰陽五行思想を、風水地理の運勢判断に適応させることにより、王都の運を鑑識して、その時勢を預言するというものであり、鑑訣の要旨は、漢陽の都を支配する李氏が滅亡し、鄭氏が鶏龍に起こることを預言したものである。

このことは、すでに歴史的な根拠があったのである。すなわち、李氏朝鮮が高麗の後を承けた後、王都を開城から漢陽すなわち現在のソウルに移したのであるが、奠都の議にあたっては、鶏龍山が第一候補地であったことが明らかにされている（村山智順『朝鮮の風水』）。もちろん鶏龍山の風水がきわめて良好であったためである。新都建設工事が開始されたにもかかわらず、京畿道の観察使であった河崙の反対により中止された。その理由は、鶏龍山が国の南に偏し過ぎて、国の中央に位置していないということ、国都たるもの国の中央にあるべしとする風水説によるものであったという。

したがってすでに李朝当初より鶏龍に王都の風水が備わっていたことは万人の認むるところと

なっていた。王都となる地には、他に抜きん出た地気がある。この地気が国の命運を左右するのだという考えは、風水説から当然生じてくる。高麗朝が松都（今の開城）の地気衰微説を認めながらも、ついに遷都をしなかったため滅亡したのだとさえ言われていた。

李朝末に「又有二讖言一五百年革命之兆」という預言があったとされる。この文句は鑑訣にはないが、「王氏松都に二百年、李氏漢陽に五百年、鄭氏鶏龍山に一千年」という口碑が流布していたことと照応している。たぶん別の異本に、こうした表現で王朝隆替を説いたことは十分予想されるところである。

以下、鑑訣の主要な文言をみていくとしよう。

まず冒頭で、漢隆公の二人の子沁と淵が、鄭公と金剛山上で問答するところからはじまる。鄭が曰く、

平壌己過二千年一之運移于二松岳一五百之地妖《ナレドモ》僧宮姫作《シテ》レ乱地気衰敗《ス》天運否塞《シ》、運移《レリ》于二漢陽一而《シテ》其略《ニ》曰《ク》干戈未レ定、忠臣死（下略）

王都が、平壌→松岳→漢陽と移ったが、漢陽がきわめて戦乱多く不安定の相を示すと説く。

（前略）山川鐘気入二於鶏龍山一鄭氏八百之地《ナリ》元脉伽倻山趙氏千年之地《ナリ》全州范氏六百之地《ナリ》至於松岳王氏復興之地余未詳（下略）

鶏龍山が次の王都となることが説かれ、ここは鄭氏が支配する土地となる。この一句が重視されているのだが、さらに後に交替があり、伽倻山に趙氏千年、全州に范氏六〇〇年となり、ふたたび高麗王朝の地松岳がよみ返ってくる。このあたりの描写から、鑑訣が高麗末に作られたことが類推されている。だがその内容が世評をとりわけ集めたのは、李朝末以後であった。

国運隆替の終末が訪れた状況は次のように記されている。

経二其歳一当二某年一、有二知覚一者生無二知覚一者死、沁曰何時其然也。鄭曰汝子孫末、宮中寡婦意自専二殿下一嬰児《ヲ》手《ズカラ》推《シ》国事将《ニ》非《ナラン》、単身無レ依

知覚なき者が死滅してしまう時は、いつの時なのかというと、それは宮廷内で寡婦が子を生み、その子をして国事に当らせるという、先の「妖僧宮姫乱を作す」ことと照応している。そしてその時になると、

家々の人参、村々の水杵、家々及第し、人々進士となる、世人偕に知る、後ちに賢人ありて以てみずから貶するを（中略）

つまり、能力がない者でも、勝手に及第して進士となり、衆愚政治となってしまい、賢人もそういう状態にあって、みずから堕落していることを知ってしまうという節操のない世の中となっ

たことを述べている、つまり終末的状況なのである。さらに、

士を論ずる者、横に冠し、神人は衣を脱ぎて辺に走り、横に已む。聖横を諱みて入る

勝手に冠位を得る者が続出するし、神事に携わる神人たちも勝手に地位を離れてしまう。聖人はこういう勝手放題の世相に愛想を尽かしてしまうという。

こういう人心が乱れきった段階が終末の時にあたる。そしていよいよ終局となる。それは、

鶏龍石白く、清浦竹白く、草浦潮生ず、舟行すれば黄霧黒雲、亦盪すること三日、彗星軫頭より出でて河間に入り、紫微を犯し、斗尾に移り、斗星に至り南斗に終る。則ち大小の中華は偕に亡ぶ（下略）

すなわち鶏龍山の石が白くなり、清浦の竹が白くなり、草浦に潮が満ちてくる、そして潮とともに舟が往来するようになると、黄霧や黒雲がまき起こり、盪することが三日間続く。そして彗星が出現する。その後星象の推移があって、「王宮は三たび火ありて、丹宇炎を起し、上憂へ下擾ぎ、吏は太守を殺し、綱常永く殄びむ」となる。

この終末の模様は、すこぶる絵画的に描かれている。「仁富の間には千艘夜泊し、安竹の間には積尸山の如く、驪黄の間には人影永く絶え、隋唐の間には流血川を成し、漢南百里は鶏犬声無く、人影永く絶えなむ（下略）」という。

また次のように言っている。

若し末世に至らば、則ち吏は太守を殺して少しも忌憚するところ無く上下の分、綱常を蔑裂すること踵いで出でむ。畢竟主少く国危うく孑孑の際、世禄の臣、死あるのみ。又曰く、末世の災、吾れ且つ詳しく言はむ。九年の大歉。人民は木皮を食して生く。四年の染気人命半ばとなり、士大夫の家は仁蔘の家に亡び、仕宦の家は貪利に亡ぶ

と。いずれも終末の世の悲惨な状況についてのことこまかな描写といえる。

この時期に出現する鄭氏についての具体的イメージには乏しいが、たとえば「鶏龍石白く、平沙三十里、南門復た起る。汝子孫の末に、鼠面虎目のものあり、大歉の時到り、虎患人を傷ひ、魚塩至つて賎しく、川渇し山崩る」とか、「末に、君は鼠面虎目、天位宝を享くこと十年、天命日に尽く、大歉の時至り、虎患人を害ひ、魚塩極めて貴く、水盪し山崩る」といった記述に描かれているような鼠面虎目の異人の存在なのだろうか。

なお「徴秘録」によると、「北海の島から馬首人身、全身青く、口に火炎を吐き、身長八尺」という異人が出現することになっている。また「蝸身人首」の異人が喬洞の地に出ればすなわち亡国となるともいっている。終末にあたり、異人の出現があって、新都が成るという思考は、明らかである。

この「徴秘録」は、「鄭鑑録」の冒頭に収録されたもので、李朝滅亡は一層明確な預言となっ

て表われている。すなわち「其の将に亡びんとするに、漢陽以北には、赤陽三日、血は宮中に流れ、日と月とが相戯れ、玄霧黒雲の天を蔽うこと七日、以後真人南海より来りて鶏龍に業を剏めん」という陰惨なこの世の終りとメシアとしての異人の出現が描かれているのである。

そしてさらに、「当にその末世を知る可し、鶏龍の石白く、草浦に舟行し、木覔の松赤く、三角に変形し、異鳥が宮墻に来り鳴く」という前兆が説かれている。

およそ意味不明の部分が多いが、こと鶏龍山に限っていえば、鶏龍の石が白に化したという象徴的な暗示が眼を惹く。この時が「鶏龍開国」の時であり、鄭氏八〇〇年の治世の始まる時だというのである。

四

「鄭鑑録」は、以上のように李朝滅亡の預言に終始するがこの成立は、ほぼ高麗末とするのが妥当とされている。そうすると約五〇〇年以前に、李朝の終末を説き、新王朝の出現を預言したことになるだろう。

この預言に合わせ、李朝末に次の新王たる鄭氏が出現するはずであったが、歴史的な結果から明らかな通り、鄭氏の王朝は成立しなかった。しかし、李朝末、全州の人鄭汝立は、みずからの姓の鄭氏が、「鄭鑑録」の鄭氏に該当することを主張し、新王たらんと奇蹟を示したという。たとえば当時、「木子亡、尊邑興」という預言があったが、これを記した板を智異山の岩窟より偶然発見したと説いて、発見者たる鄭汝立がすなわち新王だと宣伝させた。木子は、李氏だから、李朝の滅亡についての預言が噂となっていたのである。また飼っている馬のたてがみから桑樹がはえると、その家の主人が王となるという口碑にもとずき、自分の家の馬のたてがみから桑が生じたことを隣家の者に示し、これが世間に流布するよう仕向けた。こうして示された奇蹟は、後にきわめて作為的なものと断定されたが、民間における新王出現の預言信仰と、巧みにマッチしたものであった。

鄭汝立が、反李朝の立場をとるに至ったのは、彼の学才を宮廷で高く認められ重用されながら、王と不仲となり、野に下ったためであった。全州に帰り子弟を集め、名声とみに大きかったため、王が再度宮中に招かんとしたが、これを断わった。やがて汝立は反体制的な運動を起こすこととなり、先の鄭氏立つの預言をこの際に強調したのである。「珙八龍(汝立の幼号)は神勇、当に王たるべき人なり」という世評を得ている。鄭汝立の反乱は、李朝宣祖二二年に企てられたが、発覚し弾圧され、鄭汝立は自殺してしまったのである。

李朝仁祖朝六年に、柳孝立なる者が、仁城大君珙を擁立せんとしたが、この際、鄭汝なる者に与えられた「草浦潮入、鶏龍建都、朝鮮皆着ニ毛笠毛衣ニ」という預言によっていたといわれる。やはりここにも鄭氏の姓と、鶏龍建都の趣意が影響を与えているのである。

五

李朝が滅亡し、新都の出現に至っていないという段階では、当然、鶏龍山を中心とした鄭氏出現への期待が一般民衆の間に瀰漫することは予測される。

李朝は、東学党の乱を契機とし、日清・日露戦争を経て、一九一〇年日韓併合と同時に五一九年の歴史を閉じたことは周知の事実である。ところで李朝の後には、朝鮮総督府が設置され、日本の植民地支配を受けることとなった。

細井肇の調査によると、「倭王三年を経て仮鄭三年に至れば、実際なる鄭王出現し、鶏龍山に新都が立つ」という噂が流布し出した。倭王三年とは、寺内正毅以後三代の総督の支配であり、その後仮の政府を三年続けると、新都が完成するということで、具体的には一九二一〜二二年(大正一〇〜一一年)がその時期にあたり、これが朝鮮独立の可能となる時と一致するという考えである。

「仮政三年後に仁政到る」という文言は、やはり「鄭鑑録」の中にあると言われ、この預言の現実性が強調されることとなった。たまたま、一九一九年（大正八年）に、太平洋会議があり、アメリカ大統領ウィルソンにより民族自決主義が唱えられる。また、天道教による三・一運動が勃発するに及んでふたたび潜在的な「鄭鑑録」の革命意識が顕在化したのであった。仮政三年は、ちょうど一九一九年が、総督三代の後をうける実数字として、「鄭鑑録」の預言に対応された。太平洋会議によって、日米が激突して戦争が起こり、その混乱の状況の中で朝鮮独立が可能となる。とくに鶏龍山からは、岩中に一枚の紙がでて、旧二月一五日は万歳を唱える日だとし指示してあるという。一〇回唱えると一家を保ち、二〇回唱えると祖国が独立する。またこのことを記した書を二枚持っていると一身を保ち、八枚持っていると忠臣孝子となる。これを伝えないと天罰が起こるといった説も流布した。またもし人形を三千体彫刻し、鶏龍山に奉ずれば、一九二三年（大正一二年）四月に、日本人は朝鮮から追放されるだろう、この人形を刻んだ者は、誤って手を切っても決して怪我はしないだろう、という巷説も流れたといわれる。

日本においても、大正一〇年はいわば辛酉の年であったため、大本教がこの時期に日本に大変革が起こるという預言を行なった年でもあった。

朝鮮民族においても、李王朝の後に建設されるという鄭王朝の出現を期待して、抗日の意識と行動は顕著となっている。この点についての分析は近代史上の一つの課題であろう。

「鄭鑑録」の預言に伴なう民間信仰の実態から考えると、この仮政三年を経た大正一〇年の段階に鄭氏の新都実現という革命の兆を多く示していることが特徴である。細井肇の報告によると、たとえば一九二〇年一〇月二九日は、朝鮮は月蝕になり、同夜は暗黒となったが、午前零時ごろより、暗黒の月の片面がやや明るく薄墨色を呈したのである。これを朝鮮独立の前兆とみる説があった。

一九二〇年一二月以来、白昼に月星が出現した。これは太陽と光を争うもので、月星はアメリカに相当する。つまり日米間に戦争が勃発する。アメリカは朝鮮に入り、日本を駆逐するだろう。それによって朝鮮独立となるという説が流布した。

一九二一年三月一日午後七時三〇分より八時三〇分まで河東郡露梁津面より辰橋に至る間に不思議な光が発したという。これは日本の天皇が海中に落ちたもので、その結果朝鮮にも天変地異の起こる前兆だと解されたという。

また同じ年三月二四日、全羅南道上空に大将星という星が出現した。この星の現われるのは、国運の前途に何かが起る前兆であるといわれる。日本の豊臣秀吉の朝鮮侵略のときにも出現した星だと伝えられている。

以上のような巷間に流布した話は、明らかに、新都出現の前兆をとらえようとした朝鮮民衆の心意伝承の具象化といってよいものである。

「鄭鑑録」の預言は、易姓革命により、風水説を勘案したものであることは、知られるところだが、李朝滅亡後の易姓についての期待感がすこぶる高揚する社会情勢にあったのである。鄭氏出現以前に、日韓併合があり、日本による植民地支配の下に置かれた段階では、鄭氏出現が、抗日の形態をとって表現されるのも当然であったといえる。「鄭鑑録」の易姓を支える陰陽五行説の論理はさておき、預言の片々が、一つの信仰として民俗化していたことは、今までの記述で明らかであるが、これらが潜在化し、伝承化されていくプロセスで、外在的な刺激を多分に受け、いちじるしく顕在化した。この現象は一九二〇年代に現われた一つの宗教運動として特記され得る事実である。

これは東学党以後、天道教などの一群の新宗教の中に顕在化している。それらの若干の事例を探ってみよう。

上帝教は、東学党の第二世教主崔時享の弟金演局が侍天教より分立したもの。はじめ侍天教の内部で金派の派閥を作っていたが、一九二二年六月、彼が千聖山に入山して冥想修道して、上帝の神託を受け、一九二五年、鶏龍山上において上帝教と命名したと伝える。本部は鶏龍山にあり、新都出現を待機する教団としては大規模なものの一つである。

七星教では、藁製の太鼓を神聖視している。これは、七星教の教祖金達鵬が、一九〇二年この世を去る時に、この草鼓を作って祈れば、やがて真音を発する時が到来する。真音を発することのできる者が、鶏龍山に王都を建設する者であり、この新王に従う七星教徒は、ことごとく高位高官につくだろうという遺言を残したのである。以後この藁太鼓は、教団のシンボルとして機能してきたのであった。当然太鼓の真音を発することができると主張する者が現われると期待されたのであり、一九二八年（昭和三年）に至り、黄紀東なる者が、五月四日に、この太鼓を打ち鳴らした教主が、全朝鮮の宗教を統一し得るだろうという説を流布させたため、当日各地方から二万五〇〇〇人の人びとが鶏龍山に集結し、真音を発せさせ得る新王の出現を待ったのである。この集会を不法とみなした官憲は、これを邪信と断じて、草鼓が打ち鳴らされる以前にそれを引きずりおろし、焼却させたという。しかしいったん弾圧を受けた後も、七星教はふたたび藁太鼓を作り、一九三〇年一〇月一五日から、これをふたたび祀り現在に至っているという。

一九二四年五月四日付の「京城新聞」によると、この年は甲子の年で、万物の始源の年であり、鶏龍山の頂上に、新王が出現するという触れが世間に伝わっており、その費用をとり立てると称し、人びとから金品をだましとっている者があると書かれている。

これは、藁太鼓を打ち鳴らし、真音を出さしめる者が、新王となると宣伝した、七星教と関連する記事であろう。

青林教も、やはり「鄭鑑録」の預言にもとずく行動を起こした。鶏龍山に奠都の準備がすすみ、新都が実現する。とくに南海に紫霞島という孤島があって、そこに七聖官が住んでいて、聖薬を作っており、青林教信者は、この聖薬を得ることによって、新都の実現が可能になることを宣伝し、多くの信者を集めたけれど、一九三二年に大弾圧を受けている。この場合、南海の異郷より異人が来て、鄭天子を援助すると考えられている点興味深い。

普天教は教主車京錫が、一九二二年、吽哆教より分派して開教したものだが、車京錫自から車天子と称し、教徒は断髪を廃し、編髪のスタイルをとっていた。車京錫は、己巳の年、己巳の月、己巳の日に登極して天子となり東洋を統一し、教徒はいずれも大臣、大将などの位につけると約束した。普天教徒の一人李某なる者は、一九三三年に、鶏龍の石が白くなり、草浦に船が通う時に、普天教主が新都を開くと説いてまわった。事実鶏龍の石は白化しつつあり、錦江の河川工事で草浦に舟が通じかけている。したがって預言の時になったというのである。ところが新都樹立者は、鄭氏でなくてはならぬ。そこで車京錫の孫に鄭童嬰なる者がいるという。実際は車氏の孫に鄭氏はないはずであるが、車氏は本来鄭氏の生まれなのだという。それは車京錫の母親がかつて鄭某に強姦され、その胤を宿してできたのが車京錫だから、その孫は正しく鄭姓だという因果を説いたという。一九三三年は日中戦争の最中であり、鄭氏出現は、日中戦争から世界大戦がやがて勃発するという預言の中で説かれた。

新都への期待は、鶏龍山内の集落形成によくうかがえる。一九二三年段階で、戸数約一五〇〇、人口約七〇〇〇人が集結したという。この宗教集落は、やがて新都の核となるべきものとされている。すでに学校や市場もでき上っているから、信仰的事実が定着したといってよい。

この新都の存在は一つのユートピアだった。たとえばここで労役する者は、十余名の力をもって、運搬が困難な石であっても、二、三名の力で容易に運ぶことができる。また鶏龍に水が少なかったが、錦江河に一夜のうちに淡水が満ちて農作物を育てて豊作にするという。新都内の寺院に祈願すれば、かならず子が授けられる。また曰く心身に苦悩のある者でも、この地にくれば快癒すると。また鶏龍山雌雄滝より新都内に流入する河川にすんでいるおたまじゃくしを飲むと病気が治る、等々がある。

また鄭氏の妃となるべく幼女の出誕を説く話もある。これは二つあり、一つは忠清北道永同郡に住む呂雲永の母で、この女は六六歳だが一七年前に妊娠して、一九二一年三月一〇日にようやく女子を出産した。この赤子は、三年間鶏龍山に隠しておき、やがて鄭氏の朝鮮が独立した暁には、妃となるべく運命づけられている。これは赤子が胎児であったときに、母親にのみ、「自分は将来鄭氏の后となる」とささやいたためだという。

鄭王妃となる女の話は他にもある。鶏龍山内の集落で、一人の妊婦が言うには、腹中の胎児は将来王妃たるべき子で、出産は旧二月一〇日だという預言があったという。これらの話は、一九二一年(大正一〇年)に語られたものであり、この年が少なくとも「鄭鑑録」預言の具体性を伴なった年であったことが推察されるだろう。

日本の大本教においても、大正一〇年を一つのエポックとする預言があり、日米戦争から世界大戦へ、そしてその時が終末の時期だとしていた。「鄭鑑録」預言にもとづく朝鮮の新宗教運動と大本教の交流が、出口王仁三郎を中心としてどの程度のものであったのか、今後の問題としておきたい。

「鄭鑑録」の預言は、明確な易姓革命により、王朝＝国運の隆替を説くことにあった。これが世紀末の終末状況を預言し、これに対応する現実の社会情勢が醸成されたことに対し、朝鮮民衆の反応は機敏であった。宗教的には、新世界出現というユートピアを求める意識が強烈に打ち出され、鄭王はメシアに擬せられ、鶏龍山の新都は現実のユートピア視されるに至ったのである。李朝終末に伴ない、当然次に予定された王と王国がある。ところが日本の総督府の支配下に置かれた時点で、易姓革命を必然的なものとする民衆の意識構造は、抗日の拠点を、「鄭鑑録」に定めるに至ったことはすでに「鄭鑑録」預言が、民俗信仰化していることからして当然であった。

ここに終末があって、次の世界が具体的に指示されているという思考は、そうした世界の再現を約束するメシアのイメージをも明確にさせているといってよい。

もう一つ特徴的な宗教的世界観である後天開闢説は、やはり同じ時期に流布され、その際ミロクの世が、後天世界に措定されている事実を先に指摘したことがある。シャカの世が終わり、ミロクの世になる。先天世界が終わり後天世界となる。こうした通時性をもってユートピアを約束し得る意識構造は、日本民族の中には容易に探り得ることができない。日本のミロクの世が、終末感に乏しく、メシアのイメージが稀薄である故に、ミレニアムの運動も明確化してないという民俗的事実については、民衆の間で描かれるミロクの世が共時性をもつ発現の仕方によく示されており、この点と朝鮮民族の通時性をもって発現する構造的差異に注目したことがあるが、この「鄭鑑録」預言の世界交替説にもやはり同様のことが推察されるといってよいだろう。

なお小論で引用した資料は、主として村山智順『朝鮮の占卜と預言』、『朝鮮の風水』、『朝鮮の類似宗教』、細井肇『鄭鑑録』、李磐松『朝鮮社会思想運動沿革略史』によっている。いずれも出版年次は、昭和八〜九年、細井肇のものは大正一二年。日本の植民地政策の一方的立場から集めたデータであって、この時点では客観的資料に欠けるうらみもある。

なお近年の韓国の新興宗教の問題については、全州大学の李康五教授による資料集があるが、これは改めて分析して別稿としたいと思う。

III　民俗から見た性

III

一　性信仰研究の諸問題

一

日本の民俗信仰を総体的に把握しようとした柳田民俗学が、従来しばしば指摘されてきたように性信仰に関する部分を欠落させていたのは何故であろうか。柳田国男自身が、性信仰の存在を無視していなかったことは、『石神問答』や『遠野物語』などにとり上げられた資料をみても明らかであるが、強いてその分析の対象にしていなかった点もはっきりしている。

柳田の個人的意見としては、性を扱うことが誤解され易いこと、興味本位だと思われがちであることを門下生に示していたといわれ、資料を集めるのはよいけれど、書くのは止めた方がよいという助言を与えていたという。「柳田先生ご存命中は、あるいは思い出が濃厚なうちは、われわれ仲間うちのタブーみたいなものだったわけです」という今野円輔の回想や、直江広治の「民俗学というのは非常に若い学問で、柳田先生を中心に民間から始まっていった。それだけに、それまで性に結びついていろいろ話題にされていた。それに引き込まれて民俗学の性格をそういう目で見られるということを心配されたんじゃないですか」という指摘が、そうした雰囲気をある程度ものがたっているようだ（今野円輔・直江広治・森秀人鼎談「性の民俗を再検討する」『伝統と現代』八号）。

性民俗の一般からいえば、これが他の民俗儀礼との関連からとらえられ、日本人の生活意識を浮彫りさせる方向で論じられるべきであり、性信仰に限っていえば、日本の民俗信仰体系のうちで、他の信仰要素と分断されずに宗教意識の全体像の中に位置づけられる姿勢が、当然ながら要求されることである。にもかかわらずこの問題を好事家的な処理の仕方から脱却させることがなかなかむつかしいことを、今までの膨大な研究史をふり返ってみて言わざるを得ない状況であることもたしかであった。

しかし柳田民俗学とは離れた場で、従来なされてきた諸研究についての水準は、決して無視されるべきものではなく、むしろ個々バラバラに行なわれていた性信仰研究を統合する方向がその中から見出されてしかるべきだと考える。

以下の小論では、そうした問題点を若干指摘しつつ、今後の研究方向を検討しようとするものである。そこでまず従来の研究史をかいつまんでまとめておきたい。

性信仰と一口にいっても、その内容は千差万別であろう。従来の研究史上での用語からいえば、生殖器、性器という形態面でとらえ、それに対する信仰として概括する場合と、陰陽、和合という機能面でとらえ、その内容に対する信仰と概括する場合とに二大別され得る。

性信仰研究の最初の著作は、幕末の平田学の一人である宮負定雄による『陰陽神石図』であった。天保三年九月刊のもので、平田篤胤の『古史伝』に依拠しつつ、幕末の各地で祀られている陰陽石を刻明に写しとり、解説を付したものだ。最初の研究が国学者のとくに平田学の中で行なわれたことは注目されることである。性の結合が産霊と関わるという神道上の思考にもとづくと予想される。それを男根女陰に対する信仰という民俗的な部分で考えようとした現われだという芳賀登の指摘があり、今後の研究をまちたい（芳賀登「平田学から柳田学へ」）。

明治に入ってから目立つのは、むしろ外国人たちによる研究であった。明治二八年シカゴ大学に学位論文として提出されたエドムンド・バックレイの「日本における性器崇拝」はその代表的な例である。これは後に出口米吉が翻訳し、大正七年に日本に紹介されている。バックレイは、生殖器に対する信仰を、祀る場所、表示、祭式に分けて論じている。祭場について、①万事整頓せる堂々たる宮ありて定住する神宮を有するもの、②社祠小にして時々祭るもの、③神体を風雨より保護するために粗末なる小屋を設けたるもの、④ただ垣を環らすのみにて神体は雨曝しなるもの、と四分類した。日本各地に分布する性信仰をいちおう表面的にであるが分類した最初のものであろう。

ヨーゼフ・シューデルもやはり明治二〇年代に来日し、性信仰について報告をまとめ、『ベルリン人類学会報告』一八九五年度と『アントロポフィティア』一九〇九年度に掲載している（F・S・クラウス『日本人の性と習俗』安田一郎訳、に転載された）。これは主として宮負定雄の『陰陽神石図』にもとづいて、その痕跡を確かめたものである。

明治二〇〜三〇年代に外国人の眼からある程度、科学的な観察によって研究が進められていたことは特筆される。シューデルは、明治二〇年に日光を旅行したとき、はじめて日本の性器信仰に注目したといっている。日光と今市の松並木で、たまたま男根を祀る小祠を発見し、それと同じものを日光周辺に数基発見したのが、そもそもの端緒だったのである。

この時点、陰陽二石を各地で崇拝していた事例は、加藤咄堂『日本宗教風俗志』（明治三五年）にくわしい。宮武外骨の『猥褻風俗史』（明治四四年）の中で、「生殖器形を神体として崇拝せし蛮風は、世の開明につれて漸次衰へたりといへども、今尚愚昧迷信者の多き妓楼待合茶屋芸妓屋等の神棚には安置しありと聞く、明治六年頃、東京柳橋の茶屋芸妓屋各戸に警官出張して之を河中に投棄せしめたりとの記事、古新聞紙にて見たことあり、東国地方に最も多くありし陰陽石の如きは、法令によつて其崇拝を禁止されしにあらざれども、明治初年以来、太政官・教部省・内務省等より教規の振粛令ありて以来、漸次廃滅するに至りしが如し」と、次第に関係資料の湮滅する傾向があることを指摘しているように、明治政府の文化政策は、白昼にさらされた陰陽二神の存在を猥褻の事物として、民俗の埒外に置く方向だった。

宮武はさらに「往昔の学者たり又操觚たる人々は、男根と書し陰門と書して、毫も憚る所なきに、明治の近年に至りては、此用語を卑しとして、男女生殖器、といひ姉崎正治氏の如きは、更に進んで、印度語を以てリンガと云ひヨニと云ふに至りしを見よ」と記し、学界の風潮の中にも、研究対象として扱うについてのためらいが生じていることを知る。

大正年代に入って、上田恭輔の『生殖器崇拝教の話』と、出口米吉の『日本生殖器崇拝略説』の二冊が出ている。このうちで出口の仕事は、この後の続篇とともに、一つの水準を示すものであった。方法的には全国各地の性信仰を記録し、その分布状況を探索したものだが、後に著わした『原始母神論』(昭和三年)に結実する如く、性信仰の背後に農業神と関連する母神信仰の存在を予測しようとした点、一見識を示している。斎藤昌三の『性的神の三千年』(大正一〇年)は、出口の成果をさらに歴史的観点から扱ったもので、概説的に要領よくまとめてある。この本の序文に、フレデリック・スタールが「近来日本においても、幾多生殖器崇拝に関する著書や論文を見受けるが、此問題は大分社会の興味を惹起しつつある事が解る。この生殖器を崇拝する事は、古代の最も自然的な且つ宗教的行事の一つであつて、其歴史と発達の径路を辿る事は、確に主要な問題である(下略)」と述べており、その研究方向が日本の古代的信仰の民俗的な一つの表われ方の探索にある点を指摘している。

柳田国男の『石神問答』は、明治四三年に刊行されたが、これらの性信仰研究とは別の次元にあったようだ。「私は南方氏には近寄って行ったが、出口氏には近寄らなかった。出口氏は、文書を基礎としていたのだからね」（「座談会　民俗学の過去と将来」『民間伝承』一三巻一号）といった発言からもうかがえるように、両者の接近はほとんどなかった。いわば出口の生殖器崇拝は無視されたきらいがある。

出口米吉の学問と柳田民俗学との関わりは別に考えるとして、出口の生殖器崇拝の研究は、形態的な面での一つのピークを示すものであり、その後の性信仰研究に大きな影響を与えたといっても過言ではない。

昭和に入って、中山太郎の一連の仕事があり、南方熊楠のときおりみせた小論がある。中山の『日本民俗志』や『愛欲三千年史』には、さらに新資料が提示されたことと、南方による外国における膨大な資料についての紹介があるが、出口の域を出るほどではなかった。

むしろ戦後の西岡秀雄の一連の著作、とりわけ『日本性神史』（昭和三六年）は、出口の系譜を引きつつも、さらに広く資料を集大成し考古学上の土偶や石棒、密教的民間信仰、性的民俗行事を、全国的な規模で整理し直したことが一つの前進となっている。また資料収集という段階でいうなら中部・関東地方の性信仰資料を丹念に集めている伊藤堅吉の仕事も記さるべきであろう。

近年注目されるのは吉野裕子の『扇』（昭和四五年）と『祭りの原理』（昭和四七年）の二著である。とくに後者は、日本の祭りにおいて神の出現を性行為の象徴としてとらえるというユニークな発想が示された。いわば民俗神道の秘儀の部分を構造的に分析しようとしたものであり、そこに性信仰の存在を予測したのである。これは重要な指摘であって、今後の問題として残るものだろう。

以上、研究史の概略をかいつまんでみたが、顕著なことは、柳田民俗学の文脈上から性信仰研究の志向性が明確ではなかったことである。しかしそれほど魅力のない主題かというとそうではない。性信仰が他の信仰要素と有機的に関連づけられて論じられていくならば、かならずやそれらは網の目のように結び合って、一つの体系がなされ得ることは十分予想されることである。

二

柳田国男の『遠野物語』には、性信仰に関する興味深い資料が二例のせられている。

＜事例一＞　この駒形神社は、俗に御駒様といって石神である。男の物の形を奉納する。その社の由来は昔ちょうど五月の田植時に、村の若い女たちが田植をしているところへ、一人の旅人が不思議な目鼻も無いのっぺりとした子供に、赤い頭布を被せたのを背中におぶって通りかかった。そうして今の御駒様のある処に来て休んだ。あるいはその地で死んだともいう。それがもとでここにこの社が建つことになったのだそうだ。神体は巨大な男根だという。

この話は実は全体の前半分で、さらに次のような筋書があった。目鼻のないノッペリとした顔で、頭に赤い頭巾をかぶった赤坊を田植の早乙女たちが、どういう子どもなのかと尋ねると、旅の男は帯をといて、前にまわしてみせ、実は子どもではない、生まれつきの男根であり、片輪者なのだ。一生に一度でよいから人間の身体をした女を抱きたいと切ない思いを語った。この話を聞いた女たちは同情して、山のふもとに小屋を作り、そこに旅の男を住まわせた。そして仕事のひまをみつけて、小屋へ行き、せめてこれを見るだけで我慢するようにと、乳房を拝ませて慰めていた。旅の男は死ぬ時に、この村ほど親切なところはない、せめてもの恩返しに、この地にとどまって女人の腰の病いの守護神になろうといって死んだという（藤林貞雄『性風土記』）。

〈事例二〉　土淵村から小国へ越える立丸峠の頂上にも、昔は石神があったという。今は陽物の形を大木に彫刻してある。この峠については金精神の由来を説く昔話があるが、それとよく似た言伝えをもつ石神は、まだ他に何か所かあるようである。土淵村字栃内の和野という処の石神は、一本の石棒で畠の中に立ち、女の腰の痛みを治すといっていた。畠の持主がこれを邪魔にして、その石棒を抜いて他へ棄てようと思って下の土を掘ってみたらおびただしい人骨が出た。それでその祟りを畏れて今でもそのままにしてある。故伊能先生の話では、石棒の立っている下を掘って、多くの人骨が出た例は小友村の蝦夷塚にもあったという。綾織村でもそういう話が二か所まであった。

〈事例一〉は、いわゆる巨根にまつわる話であり他に類話は多いとされている。ここで注意されるのは、⑴男根形のものをご神体とする神社があり、女人が腰の下の病気治しに願掛けをして男根形を奉納している。⑵巨根をもった男が田植えの早乙女に性交を求めている。⑶男が死んで、その巨根が神として祀られた。

〈事例二〉についてみると、⑴峠に男根形の石棒が祀られている、⑵石棒は女の腰の痛みを治す、⑶陽形の石棒の下から人骨が出て、遺跡と関係するらしい、といった諸点が指摘され得る。これらの点は、いずれも日本の性信仰を考察する上で一つの手がかりを示している。

第一に、道ばたの小祠に男根が祀られているのは何故かという問題がある。このことは従来の研究史の上からも、しばしば指摘されるように道祖神の信仰と深い関わりがあった。

サエの神に男根が用いられている事例は枚挙にいとまがない。橘南谿の『東遊記』巻三にも、出羽国渥美の駅の街道の両方に、木で作った男根形のものが、道の方に向けて置いてあり、周囲は注連縄をはりめぐらしているという記事がある。「所の人に尋れば、是は往古より致し来れる事にて、幸の神と名付けて毎年正月十五日に新敷作り改めることとなり、所の神の事なれば、中々麁略にはせず（下略）」とある。男根が土地の地づきの神であって、大切に礼拝されており、幸の神と称し正月一五日が祭日である。

道祖の神ではなく、幸の神と表現したのは、サエ、サイに現世利益的な意味をこめたためであろうが、男根形の陽物がそれに伴なう霊力をになっている所以であったろう。

喜多村信節の『嬉遊笑覧』巻七をみると、「東国には石にて刻める男根を祭る処多し、津軽などにては銅にて作れるもあり、もと是道祖神なり、古へ遊女はことに道祖を祭れり」と興味深く指摘している。男根を遊女が祀った故に、近世末期の娼家には男根の形を祀る例が多いという。そしてかつて貧家だった旅宿が、石の男根を拾い祀りこめていたら、日増しに富を得て、ついに遊女を百人もやとう富家になった話をのせている。その家の妓女の言に、「夜中ひそかに彼神とあがむる陽物を盗み知らぬふりにて帰りしが、その陽物を祀りこれもほどなく富を得たる由をいへり」と、男根を祀ることが致富の利益をもたらすことを記している。

陽物は陽気第一のものだと感じさせる呪力が予想されている。かつて柳田国男が「松浦佐用媛と人柱」という論文の中で、サヨヒメを名乗る一群の巫女たちがあり、彼女らは、村を訪れては、道祖神を祀りこめたことをのべていた。「古へ遊女はことに道祖を祭れり」と対応する事実である。境にあって文字通りサエギル神、サク神であるが、その神体として男根形が用いられることと、その司祭者がサヨヒメたち、とくに若い女性たちだったというが、そうした巫女の一群が存在していたとすれば、はなはだ示唆的である。

さて男根そのものの持つ霊力について記す二つの資料がある。一つは『扶桑略記』天慶二年九月二日の記事であり、東西二京の大小路衢に木を刻んで作った二体の人形があった。各々のへその下あたりに陰陽の形が刻みつけられているという。これについて「号岐神又称御霊」とある。岐神はサエの神で、これが御霊と称されているのである。御霊神はすでに悪疫神に代表されるような祟りの強い神と意識されていたのであり、陰陽形に刻みつけた道祖神を御霊という祟り神として崇めていたことが類推できる。

他の一例は、『松屋筆記』に「源平盛衰記」の記事として紹介したものであるが、奥州名取郡笠島の道祖神のことである。かつて実方なる者が、乗馬のまま道祖神の前を通過した際、人々が諫めて「此神ハ効験無雙ノ霊神、賞罰分明也」として下馬をすすめたが、実方はこれを聞かなかったため蹴殺されてしまったという話がある。この道祖神は、「陰相を造て神前に懸」とあり、国人が陰陽の形を奉納すれば、かならず祈願が叶うと信じられていたという。

古代、中世においての道祖神の陰陽神は、すこぶる霊力の強かったことが分かる。それが境に祀られているから、悪霊を防ぐためにより強い霊力を要請されていたと考えてよい。

だからいわゆる性的な欲望とは別の象徴的意味が男根に附せられていたと考えてもよいのではなかろうか。そうした呪力が生殖器崇拝の先行形態としてあり、後世にいたって、新しく性的な意味が露骨に表現されるようになったのであろう。

そこで第二の問題は、男根形の石棒がしばしば石器時代の遺物とみなされていることである。考古学上で、近世により多くみられる大形石棒は、粗製大石棒とよばれるもので、とくに関東から東北地方に分布しており、明らかに男性の性器の形をしていて、貝塚の中からも発掘され得たという（清野謙次「日本における性信仰と石器の利用」『人類科学』Ⅵ）。この種のものは、人工物ではないかと清野は述べ、すでに当初より性信仰の目的で製作されたものと推察している。ただ性信仰の内容については不明確である。石棒の利用によって病気治しを可能にすることがかつてあったことは明らかであるから、石棒の効能に特別な霊力を感得する場合もあり得たと想像される。石器時代の石棒が男根として意味ありとすれば、それがどのように用いられたのか、残念ながら説明不足であり、それが、古代・中世を経て、近世にいたったという風に簡単に接触するのかどうかは一つの疑問であろう。しかし石棒が陽物の形をとったこと自体に、すでにそこに呪力を感じていたことをものがたるものではある。

〈事例二〉で示されるように供養塚らしき遺跡と、石神が関係していたことは、そうした例が多いという解説とあわせてみて興味深いことである。男根形の石棒のもつ霊力がどのような場合に発現するものか、性的信仰として理解される以前の段階を何ほどか予測できなくもないのである。

第三に、〈事例一〉で石神の誕生に、田植えの早乙女が関与していたことから類推してみると、いわゆる農作の豊饒という観念が濃厚である点である。このことは、もっともよく知られていることであり、性信仰の基本的性格となるべきものであった。日本の農耕儀礼の豊富さは、事例をあげるまでもないことだが、大別して正月の予祝行事として表われているものと、田植え前後に表われているものがある。前者については、小正月前後の諸行事の中で、男根に象徴されるものがしきりに用いられることに気づく。その際の祭場として道祖神が選ばれているのは一つの特徴である。道祖神が男根形をしている場合は、そのものを中心に祭事があるが、そうでない場合は、削掛けと称する陽形に似せた棒を奉納する。削掛けは稲の豊かな稔りの形に削ったものだが、形象は男根形をしている。近世の農村の各地で行なわれた道祖神祭りの性的な面は、いろいろ多様であるが、性器そのものが礼拝の対象となることで共通している。男根を各家に持ちまわり、とりわけ新婚の家に持って行き新嫁に抱かせ、皆で大笑いする、その笑声の大小で年の豊凶を占ったりする。あるいは未婚の男女が道祖神に参り、良い配偶者を得られるよう祈る。これに際して子供組や年少者が司祭者の位置にあったことはよく知られている。加えて道祖神祭りは、火祭りをもって終了することも共通している。呪的霊力を持つ男根が、道祖神の神体であることが、逆に性的儀礼を伴わせたのか、性的儀礼が先行して、男根を神体とする道祖神がこれに習合したのかは、十分判断がつかない。ただ男根形のものを、呪具として力を発揮させた事例は、棒で女を打つという所作によって知られる。粥杖といわれる棒は、元来削掛けであり、祝木の名もあった。はらめ打ちという行事でも知られており、不妊の女はこれに叩かれると子が生まれるという俗信もある。このことは、すでに『枕草子』で、「十五日にもち粥のせくまいる。粥の木ひきかくして、家の御達女房などのうかがふを、打たれじとよういして、常に後を心つかひしたるけしきも、おかしきに（下略）」とあって、宮中の女房たちの遊びと化しているのをみると、どの段階まで農耕儀礼に含まれていたものかは疑問でもある。削掛けを稲穂のたわわにした形にして、それで女を打ち、子を生ませようとするのは、明らかに人間の生殖を促す呪術であるが、その削掛けが男根であるという理解を与えると、より性的なものとなる。逆に男根形の棒で女の尻を打つことによって、生殖を促すものとするなら、直接農耕の生産儀礼とは結びついてこない。しかし両者は密接につながるものとして、従来理解されてきている。

しかし性器を用いる正月行事として、花水祝いを考えてみると、『北越雪譜』にその情況は次のように記されている。正月一三日に、前年の新婚の家に、村人たちが出かけて行って、花聟に水をかけるのであるが、その折に天鈿女命に扮した者があり、ほうきの先に女陰を描いた紙を付け、猿田彦命に扮した者が手杵の先を赤く塗って、花聟に水を浴せるというのである。これは越後魚沼郡の農村行事として記録されているが、『御触書寛保集成』四十九にも、類似の行事のあったことが分かる。すなわち「前々より如被仰付候、正月之水あひせニ笠鉾並大勢寄合候て少成ともおひたたしき風情仕間敷候（下略）」と記し、正月に江戸の市中で水をあびせることを禁じていた。これは冬の最中で道路が凍るので、怪我人のでることを恐れての御触だが、この中で笠鉾を持つことは、『北越雪譜』の男根女陰形のものと同じ意である。江戸では、このお触書が続けて毎年年の暮に出されているところをみると、正月に水祝いのオルギッシュな状況がくり返されていることが推察される。この場合、水祝いとして、水を浴びせることが軸にあり、それに伴なう乱痴気騒ぎの中で性器が呪具として成り立っていることは明らかであった。しかし正月行事であるからといって、農耕儀礼の一環として位置づけることは簡単にできない。そこで正月行事の中で、性器が呪具としてとらえられる必然性を別に考えるべきではなかろうか。有名な『古語拾遺』の中で、男根を田畔にたてたのは、一方では稲の枯死を防ぐためであったが、他方では蝗災を除くための呪術であったことが知られる。石棒そのものに呪力を求めたのか、男根に似せたが故に、呪力をもたらしめたものかは、性器信仰を考える上での一つの鍵になるだろう。

第四に民俗芸能の中に表われた性的儀礼がもつ意味づけであり、この点についての諸家の論は多い。東京都板橋区赤塚と徳丸の田遊びでお多福面のはらみ女と翁面の太郎次が見せる抱擁の場面や、徳丸の方で男根状の棒を持って踊る所作はよく知られている。田遊びの要素が入っていることは明らかであり、花祭りや雪祭りなどの、秋から冬にかけての祭りの中でも、男女の性的行為のもどきは名物の一つとなっている。

豊橋市の小坂井の菟足神社の田遊びでは、昼食持《ひるま》ちの女性が、ふところに餅を入れて穂ばらみの姿で登場する。すでに懐妊しており、田植えの最中に子産みをすることが示唆されている。奈良県磯城郡川西村保田のおん田祭りでは昼食持が、実際に田で陣痛を起こして子を産み、懐中から小太鼓をとり出して、よい子ができたと一同が喜ぶ所作がある（宮尾しげを「民俗芸能と性信仰」『民俗芸能』三六）。昼食持は神役であって、田植え神事の重要な位置にある。田植えで出産する行為は、稲の生育と豊饒を願う類感呪術と考えられている。

ここでは性器そのものを露出させ、その呪力を期待するのではなく、性交のもどきによって子生みをすることに重点が置かれている。

『栗里先生雑著』第三には、備前国赤阪郡牟佐村の高蔵神社の杵舞のことについて記している。これは新嘗祭の折に行なわれる芸能で、氏子の中から選ばれた当屋の主人夫婦が舞うものである。妻は、かいどり姿で水桶を頭にいただき柄杓でかまどの前で水を汲む真似をし、その後飯櫃を頭にのせ、杓子で飯盛の真似をする。主人は裃姿で稲穂を十握も左右の手にもち、それを打ち違えて舞う。主人は妻をよび、稲穂を口にくわえて、妻の口に渡す。次に主人が団子を、いれことという器にのせ持ちつつ舞う。そして妻をよび、団子を渡す。次に主人は本と末が太い形の杵を左右にもちつつ舞い、その後かまどの後に立ちて妻をよぶ。主人は「主人大きな〳〵大物を進じよう。引きはだけて待ち給へ」というと、妻は俵を股にはさんで進む。主人は太杵を俵の中にさし入れて、舞いは終る。

これは新嘗の神事が終ってからの舞いであるが、稲穂、団子、杵と俵によって人の生殖と稲の生殖のあり方を象徴的に表現したものである。

群馬県吾妻郡六合村で、大正年代ごろまで行なわれていたという、正月の炉端めぐりは、右の杵舞いと関連して興味深い。正月一四日の夜、猿田彦の掛図の前に灯明を置き、供物を捧げ、いろりに火を燃やす。夫婦が裸体となり、四つんばいとなって、次のような問答をする。亭主は男根をふりつつ「粟穂も稗穂もこのとおり」、女房は、自分の女陰をたたきながら夫に唱和して「大きなカマスに七カマス」そして夫の後に続いて、いろりのまわりを四つんばいでまわったという（藤林貞雄『性風土記』）。唱句については、「垂れた垂れた、粟穂が垂れた」と男が唱え、女は「割れた割れた、コラ割れた」というのもある。これを家例として、つまり家だけの秘密の儀式として大晦日に行なったという話もある。明らかに、先の杵舞の基礎となる行為であった。桙舞のように芸能化する以前の儀礼が家例として豊富に存在したのだろうが、これがやがて田楽などの田遊びに昇華してくるわけだ。ただ田遊びとして表現されているのは男女の性的行為であり、その場合性器を象徴的に用いることは確かである。性器の結合を意味する所作が、豊饒の観念を実体化するのであるから、その点で男根だけを用いて限定して儀礼が行なわれるのとは異なっている。

民俗芸能に吸収される農耕儀礼の扱いについても、従来男根を使うことが直ちに豊饒儀礼だと断定しがちであった点を、再検討しておく必要があるだろう。

三

さて以上のような日本の民俗信仰を踏まえて、日本密教のあり方を考えてみることが第五の問題としてある。密教といってもそれは包括的な宗教体系であり、その内容は多様であるが、基本的なものとしてとらえられるのは、生殖そして性器が信仰の対象であり、性のエネルギーを根原的な力として認める理念であろう。性交による性的満足を得ることが、一つの宗教的世界を形成させていることは明らかである。そしてこのことは、汎人類的思考の広がりを持つものであることは認められるだろう。

日本の密教を考える場合、民俗信仰にある性のあり方が、外来要素としての密教の部分にどのように結びつくのかは一つの課題ではある。真言密教の一つの具現化として登場した立川流は好個の対象であるが、残念ながら十分な資料に恵まれていない。古代末期にその萌芽があり、中世の民間信仰として受容された形跡のあることは、しばしば説かれるところである。立川流の本尊である髑髏が、男女の和合水によって作られるという秘儀や女犯食肉が即身成仏だとする教義は異端視されたが、性的行為を軸とする点では、優れて民衆性をもつものといえよう。日本の伝統的神道の中の産霊の観念は、幕末の荒廃した農村において、和合の信仰として再生しており、下伊郡の国学者の家々で陰陽二体を屋敷神に祀っていたことはよく知られている。あらためて性信仰が民衆宗教の中に位置づけられていく必然性があるのである。

その具体例としては、近世の代表的な民衆宗教として知られる富士講がある。富士山を聖地とし、主に近世中期以降関東地方に展開した新宗教であり、富士行者たちの手で唱導されたものである。これが立川流の影響を多分に受けたといわれ、それがまた江戸の町人や、近郊の農民たちに受け入れられた点は注目されよう。

明藤開山日月天地和合山、人穴浄土山此乃開門乃事成り、日月此乃山に当り、日之御子なり、月乃御子代なり、此之界乃人乃種なり、此浄土申候事母乃胎なり、一切之浄土なり。(「不二浄土之巻」伊藤堅吉『富士講の性典』所収)

右の表現にあるように、富士山は和合の山で、人穴が浄土である。女性の開門がそれに相当するもので、母の胎内にあたるという。

人間の胎より生ずる事、半時の間大切也。是皆月日仙元様御めぐみなり。月止りて血留るなり。是月の穂給ふ也。然ば月日合体にて真玉備るの利、是仙元大菩薩なり一てき水すごもりて真玉の種となる。元は天地同魂万物皆月日仙元也。米と水と水の水上也。母の食する菩薩のせひ玉のひかりとなり、十月重りて生ずる也。依レ之経水お月水と言。（「三十一日の御巻」）

右の言葉の中にも、生殖行為によって富士の神が出現することが現われている。一〇カ月目に子が誕生するのも、精液と月水の関係からであり、これを礼拝する仙元大菩薩に体現するというものである。これらの教義の分析については別稿に譲るとして、富士講では、稲の生育のプロセスと人間の出生を同次元に置いて、教理を作った点も興味深い。すなわち「人之出生ト米の出生ト同事也。先女の苗代ト申テ一ケ月七日の水ト申ハ、花ト申シ菩薩（米のこと）ノ花咲様朝五ツ東エ穂先ヲ向テロヲ開キ花出ル、夫ヨリ南西ト段々分テ有事也。毎月七日也。夫ヨリ身トナル。籾ヨリカラ空出ル時ワ開ノロヲ開ト申シ、十ケ月ニテ成就スル也、人間も十ケ月ニテ出生也」（「真言之秘書㑨真伝」）。和合水の結びつきを説く立川流的な要素と、農耕的思考との接合がここに認められる。いわば性信仰が民俗次元から離脱して体系化の方向をとることがうかがえる。こうした教理を説き幕末農村に多くの信者の心をつかんだ富士講が、いわば日本的な密教のあり方を実践的に示したものといえるだろうか。

以上第一から第五まで五つの点について性信仰研究の方向づけについて考えてきた。これらは相互に結びつき合うことが予想されるが、その基点にあるのは性信仰から抽出される宗教的世界観であろう。豊饒を求める農耕的思考が一方にあり、性的エネルギーによる生命力の増進を願う思考がそれを支えている。両者の結合するところに一つのユートピア観が生じ、宗教思想として昇華する志向がうかがえるのである。この問題を民俗信仰から民衆宗教への方向の中に求める可能性を改めて考察したいと考えている。

二　性器崇拝の性格

一　女陰崇拝

日本の性信仰は多様だと言われており、従来も数多くの研究文献が公刊されてきているが、まだ十分に体系だてられたものになっていないことも事実である。

性信仰と表現する場合、多くの人は性器・生殖器崇拝を予想する。民俗信仰として各地に分布している男根や女陰が呪具あるいは神体、供物などに用いられていることは、よく知られていることである。

さて女陰と男根の崇拝形式は、まず女陰崇拝が最初にあり、しだいに男根崇拝へと移行し、次に性交の行為を表す陰陽が並祀される形式になったとされるのが一般的見解である。

女陰に対しては、女性の妊娠という特殊な神秘性を感じて生じたものだろう。土偶がよく例に出されるように、乳房の突起と腹部と欠落部分がことさら拡大視されるのは、少なくとも妊娠と関連する女性の生理機能に特別の心情をいだいている思考の反映である。そして宗教的には地母神信仰が基底にあると推察されている。

この地母神信仰は、人類文化史上最古の神格の一つであり、世界各地に分布している。その特色の一は、女性の性的器官が誇張された神像であり、懐妊した状態を示すものもある。それが先史時代におけるもっとも霊力ある神格であったのは、母性の生命力に対する信仰が普遍的に存在していたことを物語るものであろう。

性器が生殖機能をもつことから、そこに超自然的な霊力を認め、崇拝することは原始的心性の帰結するところである。日本の事例では、土偶のような考古学的遺物のほかに、神話に登場する天鈿女命《あめのうずめ》が、神がかりをして、胸乳を掛き出で、裳緒を女陰に押し垂らしたという、つまり着物のひもを女陰部のところにたらして、チラリと見せたり隠したりして裸形に近い姿で踊りまくったという行為が有名である。さらに天鈿女命は、天孫降臨の際、猿田彦命に対して、やはり胸乳を露出させ、裳緒を、膝の下にたらして、あざ笑ったという。このとき相対峙した猿田彦命は邪視（Evil eye）の持主だった。鋭い眼光を放って天孫降臨を妨げたので、天鈿女命がひとり立ち向かって、前記のような所作を行ない、猿田彦命の邪視を屈伏させたという筋になっている。この場合、天鈿女命が、自分の女陰を露わにさせたのは、明らかにその霊力によって、邪悪な霊を払うことに意味があったものと推察されるのである。また天鈿女命が性器を露出させると、そこにかならず笑いが伴なっていたことも注意されよう。笑いが神霊をゆるがして、いっそう呪力の効果あらしめるのである。

女陰を露出させる民俗例は、それほど多く報告されていない。高知県の足摺岬に近い土佐清水市の松尾部落では、大敷網などに不漁が続くと、漁師の女房たちがそろって、海岸にある竜宮に参り祈願をこめる。女房たちはかならず赤い腰巻をして行き、お宮の前に来ると、腰巻の片端をはしょり、「漁をさしてくれましたらみんな見せます」と唱えつつ、祈願したという。室戸市津呂町でも、鰹船などに不漁が続くと、女房たちが停泊中の船の上で、酒や魚を持参して、歌ったり踊ったりにぎやかな宴を開く。宴もたけなわのとき、女房たちは船に祀られている船霊《ふなだま》の前にうずくまり、腰巻の裾をはしょって、やはり「漁をさしてくれましたらみんな見せますきに、大漁をさしてくださいませ」と言いながら祈願した。この儀礼を、漁ばらいとかカコナオシ、マンナオシとよんだが、いずれも災厄を払うことであり、その際、女性が性器を見せて、海神の神霊を喚起させる意味があったと考えられる。これらが天鈿女命の所作と相通ずる点は見逃せない。

一般に陽石にくらべて陰石の数は少ない。とくに陰石のみを信仰対象とする事例は余り見かけることがない。男根崇拝の方はこれとくらべると多様である。女陰石の例を一つあげると、小倉市西谷辻ノ蔵では、長さ三尺、幅一尺五寸ほどの自然石を辻石、辻岩様、オメコ神様とよんで崇めている。この形状は女陰の形であり、実に写実的なものであるという。大正時代には、そこから月経が出るなどと噂された。凹部の周辺は、白粉で化粧されており、男根が奉賽されてうず高く積まれている。霊験は性病に効かだといわれていた。かつて平家の上臈が化して女陰石となったという。要するに女陰に酷似した自然石が崇拝の対象となったものだが、男根状の石に比して、そう容易に発見されないことも一因となっているのだろうか。女陰石のみの崇拝は民俗例としては少ないのである。

女性性器の呪力がまず基本に発生したことは、それが原始時代の地母神信仰に支えられていたことから推測され得るが、その呪力の効果に悪霊追放という面と、神霊を刺激し霊力を高める面との二様が認められることも考えられたのである。

二　男根崇拝

次に男根崇拝を眺めてみよう。これは多様性のあるものだが、一般的には巨根になぞらえた大形石棒を神体とする場合が知られている。これらの大形石棒は、縄文時代にすでに作られたものであるが、はたして作られた時点ではいかなる用途であったのかは判然としていない。考古学上の解釈によると、男根として祀られる大型石棒は、粗製大石棒とよばれるもので、主として関東から東北地方に分布するという。単頭のもの、両頭のもの、亀頭の形のものとあり、男根にそっくりの形である。この種の石棒がしばしば貝塚の貝層から出てくることから、当時すでに性信仰と関連があったかも知れないとの意見もある。

文献上では、『古語拾遺』に虫害で枯死した稲苗に生気をとり戻すために行なわれた呪術の中で、男根の形にしたものを立てたことが記載されている。これは多分男根の形そのものに異常な力があって、それによって枯死した稲をよみ返らせようとしたものだろう。

巨根にまつわる大話は、しばしば猥談になって伝えられている。有名な道鏡の巨根譚はその中心となっていた。『古事談』第一にのせられた称徳女帝と道鏡の男根の話は、女帝が道鏡の巨根になおもの足りず、薯蕷《やまいも》で陰形に作り、これを用いたところ、薯《いも》が折れて、女陰の中に入ってしまい、それが原因で女帝が崩御した話でよく知られたものである。「道鏡は坐ると膝が三つでき」などという古川柳も、巨根伝説が巷間に流布していたことを物語っている。

男根を神体視して祀りこめた例は、全国至るところに見られるが、いずれも祟りのある神石とみなされている。天保三年に出来た宮負定雄の『陰陽神石図』によると、信濃小県郡根津大権現の神体が陰陽石であったが、ある者がこの石を破損したため、祟りにあい、一家滅亡したという話がのせられている。

また信州上田在に男石様という男根の神体があり、これを付近の豪農が開墾中に、岩を神体の頭部にぶつけてしまい、これを破壊してしまった。男は罰を恐れて、男根を堂に祀りこめ、一家をその祠の近くに移して、朝夕祈禱したけれど、祟りはおさまらず、家産は傾き、代々貧窮をきわめ、ついに末代の者は祠の軒下で凍死してしまって、家は潰れたという。こうした話は、神体である男根が、恐るべき霊力を持っていたことをよく示している。

男根崇拝と農耕儀礼との関係は、これもしばしば指摘されているように、きわめて豊富である。小正月の行事で、男根形の呪具がかならずといってよいほど用いられている。モノツクリの削り花あるいはアワボヒエボなどの造作が男根形をしている点は、これらが呪具として用いられたことを示している。正月一四日に、新婚夫婦の家に、木製とか大根で作った男根をもった若者たちが訪れてきて、それを振りまわして踊りまわった行事は、以前農村に欠かせぬ民俗であった。東京都板橋区赤塚の田遊びは、稲作が豊作になるよう予祝する行事として知られているが、そのとき用いられるヨナボは、明らかに男根である。このヨナボが、田植えの演技の中で、男女の性行為を刺激する役割をはたしている。先の新婚夫婦に、男根形を用いるのも、生殖を増進する意図であって、いずれも共通する行為とみなされている。

農耕儀礼において、男根が強調されるのは、人間の生殖行為が、農作物の増産に連なるという感染呪術に基づくものであった。

一方狩猟民俗をみると、かつてマタギたちの間で、仲間の最年少の少年の男根を露出させ、これを一同でもんで、勃起させ、これに火のついたままの梢を麻緒に結び下げ左右に振り、ある潮時に至ると、頭目が手をうって哄笑するという儀礼があった。これは山の神に対して行なう儀礼だと言われている。狩猟民の間で、山の神に男根を捧げる儀礼は、以前きわめて普遍的だったことが知られるが、性器からいえば男根のみが提示されている点に特徴がある。女陰が排除されるのは、一般に山の神が女性であるためだと考えられている。

ただこれは千葉徳爾氏の意見だと、男根の露呈は、性欲とは異なる意味によっているという。つまり生殖力とはちがった活力、たとえば獲物に対する攻撃力を象徴的に表現している存在ではないかというのである。生殖とか性交と無関係に男根が用いられていることは、明らかに、農耕儀礼の場合とは異質のものである。このことは狩猟民だけではなく漁民の社会にも認められており、男根崇拝を基礎とした文化系統論にまで展開する可能性を秘めている。

三　陰陽並祀と道祖神

今まで女陰崇拝と男根崇拝の信仰内容を別々にとらえてきたが、一般にこの先後関係については、女陰崇拝の方が古く、男根崇拝はその後とする説が多かった。ただ日本の場合にそう容易に説明できるわけではない。簡単に性信仰の起原を突き止めることは難しい。日本の場合、考古学上の石棒が当初から男根を祭具として用いるために作製したのか明確ではないこと、また狩猟民の男根崇拝の成立がどの段階にまで遡原できるかはっきり断定できないのである。

だが民俗信仰としてみる性信仰の中の性器崇拝の多くは、陰陽並祀という形をとっている。そしてそれらは道祖神という形態で、庶民の信仰を集めていることもよく知られている。

『扶桑略記』天慶二（九三九）年九月二日の条にのった記事は、古代の実態を示す道祖神の初見の一つとして注目されるものである。これは「東西両京の大小路衢に木を刻んで神を作り相対して安置す凡そ其の躰像は丈夫に髣髴たり頭上冠を加え鬢辺纓を垂る、丹を以て身に塗り緋衫色を成し起居同じからず、遞に各々貌を異にす、或は作る所の女形を以て丈夫に対して之を立つ、臍の下腰の底に陰陽を刻絵し、几案を其の前に構え杯器を其の上に置く、児童猥雑し拝礼慇懃にして幣帛を捧げ或は香華を供す」とされている。そしてこれを岐神とも御霊とも称するが、その由緒は不明で、「時人之を奇とす」とも記している。

岐神はつまり道祖神のことで、これを御霊ともよんだというのは、悪霊を払い強い霊力を持っていたことを示唆している。神体をみると人形《ひとがた》をしており、男体と女体であるが、その下半身に、性器の絵が描かれているというのである。『源平盛衰記』七巻に記された笠島道祖神の話をみると、実方中将が馬に乗って、神前を通ろうとしたら、人が諫めてこの神は霊験効かであるから、下馬して通り過ぎるように言った。実方がこの神の本体を尋ねると、この神は、都の賀茂の河原の西一条の北の辺に祀られていた出雲路の道祖神の女であったが商人に嫁いだため勘当され、この国に追われてきたのを、国人たちが神に祀って礼拝する、そのとき神前に男根を供えると、願が叶うということだった。しかし実方はこれは下品の女神だから、下馬する必要はないと通過しようとした。そのとたん神罰があたり、馬も人も蹴殺されてしまったというのである。笠島道祖神が女神であり、その前身は出雲路の道祖神の娘だったという。擬人化された存在として描かれているが、それが神化した際は御霊のような荒々しい霊力が発揮されることになっている。そして女神である故に、男根が奉賽されていると記されている。明らかにこの道祖神は男女二神がはじめから並祀されているわけではない。

関東・中部五県下に双体道祖神が多く分布していることは、伊藤堅吉氏などの調査によって明らかにされている。双体道祖神は、男女二神が相並んだ姿で、これはさまざまあるが性交像など珍重されている。男女二神の由来について興味深いのは、長野県南安曇郡穂高町の伝承で、兄妹神だといっていることである。兄と妹が近親相姦のタブーを犯したことで自殺したことを、村人が憐れんで二人の木偶を作って道傍に祀りこめたという。同様な例は、福岡県嘉穂郡桂川町内山田にある道祖神にも伝えられている。すなわち、兄妹がこの地を通りかかり、妹が兄に性交を求める。兄は断わるが、妹は再三いどんだので、とうとう三度目に兄は妹を殺したと。後に村人これを憐れんで祀りこめたというのである。

群馬県群馬郡倉淵村長井での伝承は、女陰に歯が生えているという娘がおり、美人であったから大勢聟入りする若者がいたが、いずれも一夜で逃げ帰ってしまった。そこへある夜旅の男がやってきて、娘と性交したら、その歯がポロリと欠けてしまった。実はその男は塞の神の化身だったという。それ以後男女二神を守護神として祀りこめるようにした。そして男女の性交は人目をしのんでやるべきだという教訓話もついている。歯の生えた女陰というのは、性交を拒否する意味であり、先の兄妹相姦のタブーにも連なっているように思える。

これからみて男女二神の並祀ということが、単純に生殖力増進のためのものではないことも考えられる。むしろ道祖神として神化する場合に、その前身である男と女が異常な性行為を行なったことを説くことにより、その御霊が強い力をば発揮する、いわば祟る神としての道祖神を生み出したようである。

道祖神の資料は多様であり、今後の比較研究をまちたい。なお南方熊楠が、ビルマに近いアラカン国のキュンタス族の村外れの樹下に陰陽二神が祀られている事例を報告している。これによると、陰神マユー・ナットは勢力最も強く、マユー川口を守り、敵がそこから討ち入るを防ぐ、陽神プエ・ソウアウグ・ナットは、村に疫病、邪視、洪水、虎豹等が入らぬよう防ぐ機能をもつとのべている。日本の女陰と男根、道祖神にも同様な機能のあることと思い合わせて興味深い。

三　人間と性

一

若者が一人前になるということは、何よりも村の共同作業に加われる能力を発揮することだったが、社会的にいくらあの男が一人前になったと言われていても、結婚の相手が見つからなかったりすると、いささか軽んじられる傾向があった。

日本の伝統的村落では、男子が一四、五歳になると、若者組に入るということが基本的なあり方だった。「若者入り」が果たされればほぼ一人前に近い存在だと公認される。これは同時に結婚の相手を正式に求めてよいことになる。若者組の存在は、日本人の伝統的な性観念をとらえる上できわめて重要なことだ。若者組は一四、五歳から、女房をもつまでの独身者集団であり、その主たる目的は、神祭りや共同作業もあったが、何より結婚問題についてのさまざまな知識を教育する性教育機関であり、かつ配偶者の選択について、できるだけ自主的に行ない得るような仕組みを保障する組織でもあった。

婚姻を媒介する機能をもつ若者組は、従来の調査では、寝宿とか泊り宿とよばれる合宿所をもっており、相手方の女性も娘組という組織を一方に持っていることが知られている。三重県鳥羽市の寝宿制度は早くから報告されているが、男子が一七、八歳になると、寝宿へ宿泊する。寝宿にはだいたい四、五人の若者が集まり、これをホーバイと称している。夜になると、彼らは娘たちのいる所を訪れ、雑談をしたり、歌をうたったりして友だちづき合いを重ねるが、すぐに性交を結ぶわけではない。気に入った者同士で、年四回ある娘ヒマチとか、盆踊りなどの機会に愛情を育てていく。その間ホーバイは暖く見守っており、恋愛中の若者と娘が二人きりのときは、席をはずしてやる。こうした関係の二人のうち、どちらかが別の異性と交渉をもつことは、ホーバイたちが許さないという。相愛の仲ならば、結婚はあたりまえで、親族や親たちが拒絶することはほとんどなかったという。

寝宿で、自由に性交が行なわれる限り、ホーバイたちがこれを保護し、正式の結婚にもっていく。だから寝宿入りすることは、配偶者を得るための修業ということになる。そこで肝心なことは性教育の知識であり、先輩が後輩に技巧を教えこむのがふつうだった。

長崎県南松浦郡久賀村（五島列島）では、毎年正月一六日、盆の一六日が一六歳になった若者の寝宿入りになった。これをハダアワセと称していたところが面白い。実際にハダアワセをしたのである。この日若者組に入る男子は、酒八合持って、仲間入りの儀式に出る。その場には娘宿の娘たちが、ソーメン、なます、塩イワシ等の肴をつくって、集まっている若者たちの寝宿へ行く。そこで若者たちと酒をくみ交わし、夜まで遊んだ。その後若者頭が副頭と相談して、新入りの若者に年長の娘をあてがう。新入りは、先輩につれられて娘宿に行き、年上の娘さんからいろいろ手ほどきを受けて、一人前になったという。

男が一人前となる最初は、年上の娘によってなされたというのが、重要なことだったのである。大人たちは、一人前の若者に育てるために率先して、息子や娘を宿に出した。公的な建物が宿になる場合もあるし、若者に人気のある家の一室が開放されて宿となった。そこに毎晩若者たちが泊りこんでいる。宿の主人は宿親といわれ、なかなか尊敬されたものだ。いざとなれば頼りがいのある夫婦がつとめていたものである。せっかく相思相愛になっても、万が一親が猛反対した時は、ホーバイたちが非常手段をとる。つまり嫁盗みをして、一時的に駆落ちなどさせる。そういう危急な折に、若者頭が当然仲に入るが、加えて宿親の権威もたいしたものだった。親の言う通りにならないで、二人の思い通りになるように、親を説得することが、宿親の権利でもあり義務だったといえる。

昼間の仕事を終えて夕食をすませると、若者は三々五々宿へ集まり、夜ばいに精出すことになる。夜ばいは、都会風にいうとデートをすることであったし、元来は男女が呼び合うことだったのであろう。娘の方も、当然そうなることを待ち望む。戸締りも厳重にせず、戸を開けるとすぐ入れるように準備したのである。何人も男をかえる女もいることはいたが、がいして軽蔑されるようだった。子供ができると、嫁に行く場合が多かったが、一、二年は夫婦にならないで、なお夜ばいを重ねることもあった。やがて結婚すればもう夜ばいをさけて身持ちの固い嫁となる方が多かったのである。

若者にとって村の娘たちは、かならず自分らの嫁になると考えていたから、自由に夜ばいを重ねていくことが、一般に認められていたのである。よく引用される資料に、青森県下北郡東通村尻屋の明治四二年一〇月改則の「若者連中規約」がある。その中には、一五歳以上の女がめらし組合（娘組）を組織して、若者連中に付属することが定められており、さらに、「めらし外泊は、若者連中の許可なくして出来ざる事」とか「連中の若者に非ざれば、肌を接する能はざる事」という強い調子の規制がみられる。村の娘であるならば、たとえ親であっても、何ともならない。すべて若者の自由に任されるという意向がよく出ているのである。

現在はもうそんなことはないが、若者が自分の村の娘を相手とする限り、性交は何回行なおうと、よしんば結婚にただちに結びつかなくても、大目に見られていたのである。これは婚姻方式が村内婚であり、幼いころから男女がお互いに理解し合っている者同士の体験として当然生じた習俗なのであった。

ところが武士社会の影響を受け、遠方婚つまり村外婚が比重を占めてくると、自然に見知らぬ者同士、家産の釣り合った者同士などを巧みに結びつける仲人も出現するに至った。そして素直に人生儀礼の一環として行なわれた性交の行為なども何か蔭にかくれて、わいせつさを感ぜしめるような扱われ方に堕したのである。

二

関東から東北地方にかけては、男根状の石棒が性神として祀られ、流行神となっているのもあれば、今はひっそりと道ぎわに祀られているに過ぎないのもある。この石棒はいずれも大形のもので、高さ一メートル以上のものもあり、容易に持ち運びはできない。よくこの御神体は日本三大巨根の一つだと説明したりする。そして霊験あらたかな神様で、子授け、安産、性病などに効能があるといわれる。

この粗製石棒の淵源は石器時代にさかのぼると言われているが、性神として原始時代から礼拝の対象となっていたかは明確ではない。現在われわれが見るような石棒祭祀は、ほとんどが江戸時代以降のものといわれており、近世民衆の性に対するものの考え方が、よくうかがえるのである。

一つにはこれら性器信仰が道祖神と結びついていることである。男根形のみの大形石棒のみを祀っている地域もあれば、長野県下にもっとも多いといわれる男女二神像、また陰陽石を用いている場合もある。女陰の形状をした石は、自然石以外には余りなく、石器の場合は、中央部の凹んだ石皿などが利用されたらしい。だから女陰だけを御神体とする事例は、全国的に多いものではない。

『今昔物語』巻一三をみると、紀伊国の海辺に大樹があって、その木の下に、道祖神が祀られたとある。「其ノ形旧ク朽テ多ノ年ヲ経タリト見ユ。男ノ形ノミ有テ女ノ形ハ无シ」としるされているから、男女二体が本来のようだが、一方だけでも結構間に合っていたようだ。

一〇世紀ごろの様子を示しているものに、『本朝世紀』の記事がある。これは平安京の街路の脇に祀られたもので、男女二体の像に極彩色がほどこしてあり、へその下から、腰の部分に陰陽の形が刻まれていた。その前にいろいろ供物が並べられているが、子供たちが大勢集まり、礼拝したり、香花を捧げているという光景が面白い。道祖神は子供の祭りという感覚がすでにこの時代にもあったのだろうか。この神を岐神《ふなどのかみ》、または御霊と称したとのべてある。岐神は、三叉路にあって、悪霊が村に入るのを阻止する神で、道祖神を意味している。しかも御霊というもっとも荒々しい神格も付与されていたのである。

前にも触れたが『源平盛衰記』七巻には、当時名高かった奥州名取郡笠島の道祖神のことをしるしている。これによると、道祖神の前を馬にのったまま通り過ぎようとしたら、まわりの者が、この神は大変効験のある神様だから、下馬して通るようにすすめたという。ところが男はそれを無視して通ったため、馬から振り落とされ蹴殺されてしまったというのである。この笠島道祖神は女神であり、願があるときは、男形のものを作って神前にかけるとよいという。神前を通るのに下馬しなかったために、たたりにあってしまったのだから、きわめて霊力の強い神格と考えられていたのである。

境や三叉路に神が祀られるのは、侵入する悪霊をさえぎるためであり、悪霊に対抗し得るのに、人間の知恵の働きで、もっとも強力な神格があてはめられるはずだ。その際御神体に男根または女陰形が用いられていたことは重要なことだろう。

性器に霊力があると考えるのは、人類の原始的心性の一つであって不思議ではない。とくに性交によって、生命が生み出されるわけだから、性器の威力は、その生殖力とともに、もろもろの災厄を除去するとも考えられた。日本神話の中で、有名な天の岩戸の話で、アメノウズメが、神がかりして胸乳をかき出し、裳のひもを陰部にたらして踊りまくったことがある。八百万の神々がこれで笑いどよめき、天照大神はふたたび出現し、この時おとずれた災厄は一切払われたのだった。天孫降臨の神話でも、降臨の行列をさまたげた猿田彦に対し、やはりアメノウズメは、胸乳を露出させ、かつ裳のひもを、へその下にたらしたというから、やはり陰部を示したらしい。アメノウズメが神がかりする巫女であったことはよく知られている。

ここでは巫女が自分の陰部を、チラリチラリと見せたという表現になっている。つまり前面をひもでたらしているからだが、この点に関しては柳田国男や南方熊楠などの民俗学者たちが、早くから関心を寄せていた。それは巫女に限っていえば、陰毛の部分がとりわけ長く、そしてそれは、神がかりする際に必要な呪具だったのではないかというのである。

こうした神話の中では、もっぱらアメノウズメの陰部の力が強調されているようだが、陽形が不必要だったわけではない。天の岩戸においては、アメノウズメが神がかる際に、茅纏《ちまき》の矛を持って踊っており、この矛は明らかに男根を意味していた。またアメノウズメに対抗した猿田彦は、岐神であり道祖神だが巨大な鼻の持ち主とされ、これは男根の象徴的表現でもあるからだ。ここに男根を祀った巫女の存在も浮かんでくるのである。

男根形の道祖神を旅をする巫女たちが、村々をめぐっては祀っていたのではないかとも想像されているのである。

男根、または女陰といった性器を祀るということは、とくにそれらが備えている霊力に民衆が期待していたからであった。悪神を払う性器の強さは、子供を生み出す驚異からはじまった。その生産力は、定着して稲を作る農民たちの信仰の対象となったのである。

近世の道祖神が、悪霊を払うだけでなく、稲の生産を祈願するために、正月一四、五日前後に行なうドンド焼きの対象になったりしているのは、そのためである。正月中の飾りを集めて、稲ワラと一緒に塔を作り、火を燃やす。たいていは道祖神の祭場である。この灰を身体につければ感冒にかからないといったりしている。性神が日常生活の中に密着している。激しいたたりを説くよりも、性の営みを大切にする信仰が優先している証拠でもあろう。

三

江戸時代、日本人の約八割は農業に従事していたから、民俗文化の基本が稲作の播種から収穫にいたるプロセスの中に形成されているといって過言ではない。そこで日本の年中行事を観察していくと、小正月からはじめて、田植えに至るまでの間の行事の中で性的要素がきわめて重視されていることに気づくだろう。

小正月の行事は、モノツクリが中心であり、今年の田畑の収穫物になぞらえたものを作って祝う。削り花などは、稲の稔りを表わしたものだが、その形は男根を示しているものである。これと似たものに粥の木とか祝棒などがあり、これも男根状の棒といえる。これを使って女性の尻をたたくのであり、生殖力の増進のための呪具として知られている。

『北越雪譜』に記されている越後国魚沼郡宇賀地郷の花水の神事は、小正月に新婚の家へと、傘矛に水引をかけたものをくり出し、アメノウズメに仮装した者が、ほうきの先端に女陰を描いたものをつけて捧げ、猿田彦に仮装した者が、手杵の先を赤く塗ったものをかついで、大勢でなだれこみ、聟に水をかけるといった内容のものであり、近世の農村に普遍的にみられた行事であった。ここでとくに新婚夫婦の家庭が選ばれ、矛とか杵などの男根に似せた呪具を用いている点からみて一連の小正月の行事に共通する生殖儀礼であったといえる。

関東から東北地方で、旧家の家例として知られる正月の炉端めぐりというのがある。これは旧家で代々伝承されていたもので、どの家でもやったというのでないが、これも小正月に必要なものだった。これは夫婦が裸形となり、四つんばいとなり、亭主が「粟穂も稗穂もこのとおり」というと、女房は「大きなカマスに七カマス」と唱えつつ、炉のまわりをぐるぐるまわるという（藤林貞雄『性風土記』）。こっけいな仕草になっているが、かつては古い農家の極秘の家例であって、深夜ひそかに行なわれたのである。夫婦の性交が、そのまま粟や稗も含めた作物の稔りに感染するのだという農民の心意が示されているのである。

東京都の民俗文化財として知られる板橋区の赤塚や徳丸で行なわれる田遊びは現在もにぎやかに行なわれているが、野良着で老人の面をつけた太郎次とお多福面のはらみ女の姿のやすめが、抱き合って踊る場面がある。徳丸では用いるワラ人形が男根のかっこうをしているもので、こうした事例は、冬から春にかけて行なわれる代表的な民俗芸能の中にしばしば見られるものである。雪祭りとか花祭りの中にも、男役と女役とが、こもの上で重なり合う状態があった。

田遊びは、田仕事の真似事をするもので、代かきから田うない、苗作り、田植えの所作を見せる。その中で男女の性交を面白おかしく演技するものだが、人間の生殖行為と植物の生殖つまり穂ばらみを重ね合わせた典型的な呪術なのである。近年はそれぞれの民俗芸能が、その部分だけをやたらに強調するようになっている場合があり、雑誌などで珍奇な風習とか見世物ふうにとり上げられてしまうのは残念なことだ。

小正月の行事は、一般に予祝といわれ、すべてこれからの田畑の作物の順調な稔りを期待して行なう呪術だと考えられている。実際に種蒔きをはじめて、稲作りに精出すと、ひたすら田の神の加護を祈る儀礼が連続しているが、そのうちで最重要視されるのが田植えであった。田植えを宗教的にとらえると、巫女にあたる早乙女が、田の神を厳粛に迎えて祀る祭りだと考えられている。山陰地方に知られる花田植えなどはすっかり著名な民俗芸能になっているが、神事としての田植えをよく伝えているものである。

田植えのときに歌われる唄は田植唄といい、豊富な民謡となって各地にあるが、その歌の文句は、もっぱら性に関するものばかりで、バレ唄と称される。とくに田の神は、色事を歌った文句を好むといっており、卑猥だと思われる歌を多く歌うと、それだけ秋の稔りがよいのだという。

たん、たん、たん、田の中で、おそそひろげて、水かがみ、泥鰌（どじょう）がびっくりして砂かべる、田螺（たにし）があわてて、蓋をする

こんな文句は田植唄にはごくあたり前のもので、歓迎されたのであったという（牛尾三千夫「田植唄のバレ唄」）。

こうしたバレ唄の種類は実に豊富である。これらを早乙女たちや若衆たちがふざけながら歌うというよりは、なるたけ田の神の意にそうよう半ばまじめな気持ちの方が強かったのである。田植えが終了すると一段落がつき、後は災害が来なければ、何とか稲は育ってくれるものだ。だから男女の性交を儀礼化するものは、この後はほとんどない。石川県の奥能登地方に今も民俗として残っているアエノコトの神事は、収穫祭を示す田の神祭りであるが、この祭りの御神体は種俵二個で、これは男女二神を示すという。この男女二神である田の神への供物の一つに、かならず二股大根が供えられていることも注意をひく。この二股大根の形は、性器に類似するゆえ珍重されているものだ。神供にこれが採用されたことは、明らかに収穫祭の中に性的要素が含まれていることを意味する。田の神を男女二体と考え、両者の婚姻によって、種俵として新たな稲霊が再生してくる、という思考が存在していることが十分にうかがえるのである。

日本により濃く見られる祭りや行事の意義は、今まで見てきたように、稲作の順調な成育を祈るために、田の神を祀って加護を求めるという点に集約された。その際、かならず性交を前提として性器崇拝が強調され、性行為そのものも誇張した形で儀礼化していた。農耕と性との関係は、たえず密着しているのである。人間の生命の誕生は、稲作の成育を写し出したものなのである。人と自然の素直な交わりの中で、このことはたえず確認されねばならないだろう。

四

江戸時代末期の各地の農村はすっかり荒廃していた。凶害の連続、飢饉が慢性化しており、なかなか農民たちは立ちなおることができない。一揆が頻発したが、一方では精神的な規律とその実践を説く、通俗道徳が盛んに唱えられた。二宮尊徳や大原幽学などの運動はその代表的なものだ。下総国香取郡松沢村に住む国学者宮負定雄は天保三年（一八三二）に『陰陽神石図』という書物を著わした。これは関東、中部地方に当時祀られていた石の性器類を丹念に調べ写生した図録である。宮負定雄は、平田篤胤の門下であり、陰陽石を図化して研究することに一つの意義をもっていたのである。信州伊那地方は、平田派の国学者たちの拠点の一つだが、平田神道と関係する本学神社の祭神は大きな陽根だそうだ。また松尾多勢子、北原信雄といった有力な国学者たちの自宅の屋敷神は、いずれも陰陽石が神体として用いられていたのである。

こうした性器崇拝は、一つには農業の生産力を高める呪術信仰に発したものだが、さらに平田学では、これによって和合の精神を説き、家とか村の崩壊を食い止めようとする意図があったのだろうと考えられている。男根と女陰の性交は、和合の軸であり、この力によって荒廃しかかる農村を救おうとする運動が、平田国学の中から生じつつあったといってもよいだろう。

衰えかかっている農民の現実の世界を和合の精神を説くことで蘇生させようとすることは、ユートピア運動にも連なってくるだろう。江戸時代にもてはやされた女護ケ島伝説などは、浄瑠璃や絵巻物の題材となって民間に流布したものだが、要するに海の彼方に美女ばかりが住むすばらしいユーピアがあると想定し、そこへ男たちが出かけていって、たっぷり性交を堪能する。現実のがんじがらめになった封建社会からの脱出・解放感がよく表わされている。とくに身分制の最下位に置かれた町人たちが、身分制を否定した上で新しい世界を性の満喫できるユートピアに考えた点は面白い。むろん女護ケ島は、世界の諸民族間に伝承されているものだが、日本ではそれが海の彼方にあり、それが近世の町人社会の中でとくに色濃く現われた点に特徴がある。

他界観と性が結びつき、一つの世界観が構想されてくると、民衆的宗教としての重味が出てくる。その場合日本では、真言立川流の存在は無視できないだろう。一二世紀初頭、京都の醍醐寺の仁寛が、鳥羽天皇殺害をはかったという罪で伊豆国大仁に流され、そこで仁寛は武蔵国立川に住む陰陽師に真言を授けて出来上ったという。つまり真言密教と陰陽道とが結託した一派なのであるが、その基本が「男女二根の交会」というものだった。「男女陰陽之道ヲモツテ即身成仏之秘術」とする、まさに性を正面にすえた宗教である（守山聖真『立川邪教とその社会的背景』）。男女の性交の極致が法悦境をもたらすという考え方は、そのまま解脱の域に達することなのだから、これは重要な宗教世界なのである。

しかし立川流は、組織化される前に、真言宗教団によって徹底的に弾圧されてしまった。いわゆる邪教と見なされたためであるが、たしかに、密教的な呪術に加えてグロテスクな様相もうかがえるのである。たとえば髑髏本尊については、これは男女の性交で得られた和合水を、髑髏に一二〇度塗り、毎夜子丑の時に反魂香《はんごんこう》を焼いて、その香をあて、反魂真言を千回唱える、などといわれている。曼荼羅図をみると、男女の性器がやたらに拡大した図柄になっている。橋本峰雄氏は、立川流が性器に対する強迫観念の上で成立したのではないかと指摘している（『性の神』）。たしかに交合の結果もたらされる法悦感への讃美が、ただ性器に集約するとのみ思考したことが、グロテスクな表現を生み出したといえるのであろう。

ただこの立川流の母胎となった密教は、あくまで性を肯定した宗教であった。とくに日本の伝統的な山中他界観と結びついて、修験道が成立したし、この修験道は民衆生活と結びつき展開していったのである。名山や高山は各地に多いが、修験道はこれを金剛界、胎蔵界、男性と女性と見立てたし、山中に入ることは、母なる胎内に入り、人間として誕生することを儀礼化したものだと説いている。

一人前になるための儀礼として若者の登山することが民俗として存在しているといえる。山を登って下りてくると、麓の女郎宿で女性と交わり、一人前の男に生まれかわるのだという意識が以前は強かったのである。これは山が平地とちがった別の世界であるという意識の上に成り立っているからである。

幕末から急増したといわれる富士講も、こうした山中他界観と立川流的な性信仰にいろどられた民衆宗教として知られている。富士山中には聖なる洞窟があり、それは母胎にあたり、極楽浄土でもある。富士の人穴とか、胎内などの洞窟は人口に膾炙しており、富士の行者の修行地だったらしい。富士講の教理は、ミロクの世という農民のいだいている理想的な世界が再現することにあったが、そのミロクの世は、米作の豊かに稔った世界であり、それは男女の和合によって可能になると考えられたのである。人間の出生と米の出生は同じことだとして、夫婦和合の道をしきりに説いたのである。日月は男女にあたり、その合体で人体がはじまる。一カ月目は母の胎内で、一滴の露である精子と、み玉である卵子がまるく納まって、人体を生じていく。一〇カ月を経て、富士の仙元大菩薩の慈悲のもとに子が生まれるが、誕生した子供は身分上の差別はなく、

「我身ヨリ貴キハ外ニ無シ」（伊藤堅吉『富士講の性典』）という人間平等をうたったものだった。人間こそ真の菩薩であり、米の菩薩だともいっている。富士山に種を蒔くことが子孫のたねになるという言い方で、人・稲・性の三位一体が富士山の信仰にあり、これによってユートピアが到来すると説き、関東周辺の農村から信者を集めたのであった。富士講は性は子孫をうむため、新しい世界を作っていくためにもっとも基本的である点を宗教的に表現したといえるのである。

五

性が人間生活の基本的な問題であることはだれでも承知していることだが、これを正面から扱うことに、ある種のちゅうちょを覚えることもたしかなことである。性に関する資料を客観的に把握し、科学的に処理することを心がけながらも、なかば好事家的な立場にたってしまうことも往々にしてあることである。

民俗学の先達である柳田国男、南方熊楠、折口信夫などの著作には、共通して性を生活史としてとらえる観点があった。柳田国男が性の問題をあからさまにとり上げなかったということは定説となっているが、それでも巫女を研究したり、石神を研究したりするうちに性信仰の重要性を指摘したし、南方熊楠たるや、そのうんちくの凄さでは他に抜きん出ている。折口信夫は、成女式や成年式にからまる性の問題を明らかにしたし、その後の民俗学も、若者組や娘組の婚姻機能を明確にして、性を村の生活の歴史の中に位置づけようとしている。

性民俗という分野を予想し、民俗学的研究が次第に一つのまとまりを示すようになった現段階であるが、その中で従来大きな比重を占めていたのが性信仰研究である。国学者宮負定雄の『陰陽神石図』（天保三年刊）はその嚆矢であるが、皮肉なことにこれを受けついで学位論文にまとめたのは、アメリカ人のエドムンド・バックレイの『日本における性器崇拝』（明治二八年）だった。同じ時期にもう一人の外人研究者ヨーゼフ・シェーデルの性器研究の論文があるが、二人とも共通して、明治初年に来日し、各地を旅行した際、いたる所に男根・女陰の祀られていることに関心をもち、客観的にその研究にとり組んだのである。

明治政府は、道ばたに陰陽石が散在していることを外国人に見せることをきらい、これを破却させようとして、厳しく取り締まったが、先の二人の外人の論文をみても、けっして珍奇な扱いをしたわけではない。むしろ日本の民俗神道の具体的な姿とみているのである。

明治末年になって日本人の研究者の間にも、これらをまともに考えようとする機運があった。柳田や南方とは別に宮武外骨、山中共古とか出口米吉、中山太郎らの仕事は見逃せない。とくに出口は『日本生殖器崇拝略記』を著し、全国的な性器崇拝の分布やその形態を明らかにしている。

これらの研究の系譜は途絶えることなく、主として民間の研究者によってその後も資料が提示されていることはたしかである。

だが明らかなことは、性器が神体として露呈していることが、他の民俗事象とどのように有機的に結びつけられているのか、つまりそれら資料を体系だてようとする視点は余り十分でないということである。

たとえば山の神祭りに、男根形の供物がしばしば用いられている。岐阜県不破郡青墓村では、祭日が旧正月九日で、祭りの宿は未婚の娘をもつ家が引き受けており、宿を引き受けると早く娘がかたづきやすいといっている。だから宿のなり手が多く、申込み者が殺到するという。そうすると若衆組がくじを作って、宿を決める。そして宿が決まると、若衆たちが山から松の木を伐ってきて、長さ三尺ほどの男根形のものを四本作る。そしてそれらをその年、嫁入りのあった家へもち込む。また聟入りのあった家には、女陰形のものをかつぎこんだという。それから行列を作って、歌をうたいながら、山の神の祭場へ行って、供物を供えるという（堀田吉雄『山の神信仰の研究』）。この山の神は、狩猟民の守護神ではなく農民の神であるらしいことが分かる。男根と女陰の結合を前提とし、若者と娘の性交と婚姻が重なり合い、それらは性信仰と同一の次元でとらえられているのである。元来性信仰は、性器の極端な露呈だけで成り立つものではない。性器のマジカルな力は、性交と出産、生命の誕生に連なるものだから、神秘視されたが、それはあくまで民衆の日常生活の日々のプロセスから切り離されるべき性格ではないのであった。

近年の千葉徳爾氏の研究（「女房と山の神」）では、山民や漁民が山入りや出船の儀礼において、とりわけ男根を勃起させることに意味を見出している。とくに山民だと成年式において男根を露出させ、ふるい立たせる。それは山の神が女神であるため、勃起したものを見ると刺激されて、獲物を増やしてくれるからだ、と一般的には説明されている。千葉氏はその説を否定しており、性交のはじめから予想されない性器崇拝も成り立つということを主張する。日本民族は稲作民である以前に、狩猟民でありかつ焼畑耕作民だろうとする仮説がこの背景にはある。たしかに稲作民は、性交が稲作の増殖に通ずるという心意をもち、性信仰を体系づくったのであるが、焼畑耕作民だとすればそれほど、作物の育て方に性の営みを配慮しなくてもよいのである。

山の神という神格が、農民と山民との間に異なった働きをしているということは、従来明らかにされてきている。そして性のあり方にも、何らかの差異が生じているかも知れないという見方がでてくるのである。

民俗学は常民という概念を作り出し、常民の日常性を明らかにしてきた。この常民は稲作にたずさわる農民のことで、彼らの日常生活に、性文化は深く結びついているのである。しかし常民は近代以降ほとんど実体は失われつつある。近世に約七、八割を占めた農業人口は、今や二、三割に達しているに過ぎない。都市化の現象とともに、かつて性の基本的な考え方であった稲の稔りは、人間性の豊かさに通ずるという思考の根拠が消滅しかけている。

だが常民の存在は薄れたけれど、常民性という概念が通用しており、常民の育んだ思想は依然として現代に耐え得る可能性を示している。稲を作らなくなったが、かつて稲作の成育に注いできたエネルギーは、民衆文化を開花させ、その持続性は限りないものである。だから性の今日的な課題に対しても、その本来のあり方について、民俗学がたえず常民に根拠を置いて主張したことを、今後も絶えず説いていかねばならないであろう。

Ⅳ　民俗から見た被差別

一　白山信仰と被差別

一

慶長八年六月朔日《ついたち》に、江戸の本郷で雪が降ったという記録がある。『江戸名所記』によると、

富士神社仍また神田山のきん所、本郷といふ在所に昔より小塚の上にほこら一つ有て、富士浅間立せ給ふといへども、在所のもの信敬せざれば、他人是を知らず。然るに近隣、こまごめといふ里に人有て、せんげん駒こめへ飛来り給ふといふて、つかをつき、其の上に草の庵を結び、御弊を立置ければ、もうでの袖群集せり。本郷の里人是を見て、我が氏神を隣へとられうらやむ許なり、今見れば、このやしろは百年ばかりそのかみは本郷にあり。かの所にちいさき山あり山の上に大なる木あり。その木のもとに六月朔日に大雪ふりつもる。諸人此木の本に立よればかならずたたりあり、この故に人おそれて木の本に小社をつくり、時ならぬ大雪ふりける故をもつて富士権現をくわんじやう申けり。それより年ごとの六月朔日には富士まいりとて、貴賎上下参詣いたせしを寛永の初つかた、このところを加州小松の中納言拝領ありて下屋敷となる。今も猶そのやしろの跡残りて、毎年六月一日に神事あり（下略）

これによると、六月朔日に雪が降ったということは、富士の浅間信仰と深いかかわりがあることがわかる。六月朔日というのは、時期的には炎暑の候である。現在の真夏に近いころで、かなり暑い季節である。したがって、真夏の最中に雪が降ったという事実は、奇蹟の伝承と考えられる。これが富士の浅間信仰と関係があるという点に一つは注目される。しかもこの雪が降ったところが、そのまま富士信仰の富士塚となり、それがやがて現在の駒込富士に転移したというかたちで祀られる神社となるが、江戸時代には、この塚に富士講の信者たちが大勢あつまっていたことが多くの史料から推察される。この事例のほかにも、同様に、関東地方一帯に、六月朔日に雪が降ったという伝説が語られていて、本郷の雪だけが特殊なものであるというわけではなかった。たとえば、『新編武蔵風土記稿』巻之百九十一にのせられた「岩殿観音」の縁起をみると、この地にもやはり六月朔日に雪が降ったことが次のようにしるされている。

坂上田村麻呂が東征した時、この観音堂の前で通夜をし、そこで悪竜を射斃したことがあった。ちょうど六月のはじめで、金をもとかす炎暑のさなかであった。ところが、突然、指をおとすほどの寒気が起こり、雪がさんさんと降ってきたので、人夫たちはかがり火をたいて雪の寒さをしのいだ。現在、六月朔日に家毎にたき火をたくというのはそのときの名残りであるとつたえている。

さらに埼玉県行田市の埼玉でやはり六月朔日に雪が降ったとつたえられている。『新編武蔵風土記稿』巻之二百十六によると、このところは浅間神社である。昔、富士の行者が、自分の命の終わるときに臨んで、この地に雪を降らすべしといった。そうしていよいよ六月朔日に命が終わるとき、はたして、雪が降ってきた。領主の、成田下総守氏長《うじなが》が非常に奇異の思いをして、このところに塚をきずいた。この家臣の一人である新井《あらい》新左衛門がこの土地にその後浅間神社を移して、行者の塚の上に祀ったといわれている。

行田の浅間神社というのは、富士の行者が入定《にゅうじょう》したというもので、その塚の上に雪が降り積ったといわれているものである。この地に浅間神社を勧請した新井新左衛門の子孫の家が、代々、祭りのときに注連竹を立てている。これは富士の行者が入定したときの事蹟を行なっているといわれている。

このように、六月朔日に雪が降って、それが塚のようなものになったということ、とりわけ白い雪が降って塚になったという伝承に、注目したいと考える。この「六月朔日」は、民俗学的にも注目さるべき日として知られている。たとえば、『半日閑話』には、「六月朔日世俗今日を以て元日とし、雑煮を祝うことのあり。もと宮中より出でしことなん」というふうにしるされており、六月朔日が一年のうちの二度目の正月であると認識されていることがわかる。

また「六月朔日」の民俗伝承として知られているものに「氷の朔日」がある。六月朔日になると、正月に搗いた氷餅を食べるという伝承は比較的多くつたえられている。この正月に食べた餅をふたたび六月朔日に食べるという伝承は、また歯固めの朔日ともいい、それを食べると歯が強くなるといわれている。ところが、中部、関東地方において、さきの雪が降ったという伝承と同じ地域には、この日をムケノツイタチあるいはキヌギヌノツイタチと称する口碑が多く語られている。たとえば新潟県十日市では、この日は、人間の皮が一皮むける日であると説明している。また、関東地方では、この話は養蚕地帯に多いのだが、桑の木の下にいくと、人間の皮がむけているのを見るともいう。ムケノツイタチというのは身体の皮がむける日であるといういいかたである。蚕が脱皮新生するということと、人間の皮が一皮むける日といういいかたを重ねあわせた表現なのであろう。

このように、六月朔日には、新たなる正月が迎えられ、また人間が一皮むけて生まれかわるという伝承が集約されているといってよい。栃木県芳賀郡茂木町牧野では、このむけの朔日を御精進《おしょうじん》といっている。家の母屋の一室に竹を立ててしめなわをはりめぐらし、五歳以上の男の子たちが神主から袈裟紙《けさがみ》を受けとり、六日間、このなかにはいって身をきよめたという。川へはいって身体を洗い、それから部屋にはいって御祈禱をした。他人はいっさいこのなかにはいることを禁じられた。つまり、七日の間、精進・潔斎をかさね、潔斎が終了したあかつきが六月朔日にあたるというふうに考えている。その期間に忌み籠りをして、それが終ったあとに生まれかわって出てくるという考えかたである。

栃木県佐野市にも同様の伝承がある。これをオベッカといっている。男衆が共同飲食をして部屋に籠り、そして各耕地ごとに大きなわらじとか馬わらじをつくって、村の辻に飾ったりした。オベッカとは、つまりは別火のことであり、さきほどの精進・潔斎をして物忌みをすることと同じ意味である。大きなわらじをつくって村の辻に立てるということは、災害を外に追いはらうという意味であるから、これもこの期間、身の穢れをはらって新生脱皮する行事であることが明らかである。これらは、いずれも関東地方や中部地方に多く語られる六月朔日の儀礼であり、「氷の朔日」あるいは「歯固め」と称している意味とほぼかわりないが、ただ注目されることは、この日が脱皮新生のために用意された日であり、そのときに白い雪が降り積るという特殊な地域が設定されていたということである。

さて、関東、中部地方では六月朔日に白雪が積り塚となる地点を富士浅間神社と称したが、そもそも富士山の信仰は、秀麗な山岳であるということと万年雪があるということ、つまり永遠に白雪が不滅であるということに根をおいて成り立っていると考えられる。この富士山と並び称されるのが、加賀の白山であり、同じように万年雪をいただく山として知られている。しばしば、富士山の雪と加賀白山の雪はともに消えることがないといいつたえられており、『万葉集』などにも、富士の雪をうたうと同時に白山の雪を対照してうたう場合もあって、富士山と白山は白雪の山として知られていた。とくに関東地方は加賀の白山の信仰圏ではなく、したがって、加賀の白山の雪を云々する機会はほとんどなかった。しかし、加賀の白山は中世の白山修験によって信仰が広められたふしがあり、これは北陸から京都、近畿地方により多く信仰圏が設定されうるものであった。事実、加賀の白山の雪が真夏に降ってきたといいつたえる話は、中世の文献にしばしば見られるものである。『故事談』巻五に、「日吉ノ客人ノ宮ハ白山権現ナリ云々慶命座主ノ時無二指証拠一者無レ詮小社也又可二御坐一者可レ被レ示二不思儀一云々件ノ夜入二座主之夢一有二託宣之旨一後朝小社許白雪一尺許積リタリケリ六月ト云々」と記されている。

また『神道秘密記』によると、この客人の宮が勧請されたのは、天安二年六月一八日で、その時霊石の高さだけ白雪が降り積ったと記している。

これをみると、座主の夢のなかに白山の託宣があり、朝おきてみると、白い雪がさんさんと降っていた、ちょうど六月のころのことであるとしるしてあるのである。客人の宮は、天安二年六月一八日に遷宮されたというのであり、そのときは、真夏の最中であるにもかかわらず、雪が降っていたのである。また、『源平盛衰記』巻之四によると、

八月十三日に神輿を出し奉り、越前荒智の中山立越て海津の浦に着給ふ。比叡山の神主が夢に見たりける不思儀やと思ひ立出て四方を見渡せば、此山より黒雲一聚引渡り雷電ひびきて氷の雨降り、能美の峰つつき塩津海津伊吹山比良の裾野和爾片田比叡の山唐崎志賀三井寺に至るまで、白妙に雪ぞ降たりけり

安元二年八月一三日に御輿が出た。そのとき、黒雲が白山よりまきおこり、雷鳴がとどろきわ

たり、雪が京都一円に降った、とある。『平家物語』巻一にも同様の記事がある。白山の御輿が出るときに、白雪が降り積った。これも暑い夏のさなかのことである、と。

こういう例をみると、加賀の白山の白雪もまた、その信仰が外にむかって延びるときに白雪を降らせていたという事実が知らされる。したがって、富士の白雪も、白山の白雪も、同じように、真夏に降るという一つの奇蹟が説かれ、その奇蹟がおこるときは新たな信仰の生ずる時であった。それは信仰を受け入れる土地で、新たな浄《きよ》まりを期待する思考が強く働いた時期だと考えられる。中世の白山修験は全国に出かけていったというかたちにはなっていない。むしろ、富士の浅間信仰の方が中世から近世にかけて関東や中部にはよりひろく広がっていたのであるが、この雪そのものについては、富士山であろうと白山であろうと、それが夏に降るということの意味の重要性については在地の伝統的信仰の存在を別に考えなければならないと考える。

二

かつて、柳田国男は「所謂特殊部落ノ種類」という論文で次のように述べている。

関東地方ハ穢多部落ノ氏神ハ例の浅草新谷町ヲ始トシテ多クハ白山神社を祀レリ。此点ハ頗ル興味アル

事実ニシテ他ノ特殊部落ニモ此神ヲ崇祀スル例少ナカラズ

ここにあるように、関東地方の「穢多部落」においては、その氏神がなぜ白山神社なのかという疑問を柳田は呈示しているのだ。「白山」と書いて「はくさん」と読むか、「しらやま」と読むかといういいかたであるが、ニコライ・ネフスキーによる「しらやま」はバンタ、「はくさん」は百姓といった区別もある。明らかに白山社《はくさん》と白山社《しらやま》はおのずとわけられねばならない。白山《はくさん》という場合には、中世以来の加賀白山信仰の強さを考え、白山信仰《しらやま》という場合には、加賀の白山のみでは説明しえない要素をもっているものなのである。近世の江戸において、新町穢多村として知られた今戸橋の新鳥越付近に白山権現があったことは『浅草志《せんそうし》』三、に書かれてある。「白山権現新町のうち、この地鎮守とす。祭神陰神《さいじんいんしん》大神宮は陽神四座あり。疱瘡《ほうそう》神と呼ぶ。」

さらに「江戸砂子」の記述を割註としてかかげ、「この神このところに鎮座は穢多村に下されたる以前より、ここにありし。久しき宮居《ぐうい》なるべしといえる」とわざわざ断わっている。

この社は現在は見当らないけれど、白山権現という名の神格が陰神であり、さらに疱瘡《ほうそう》神とよばれていたという点に注意がひかれる。各地の白山神社というものはいろいろヴァリエーションに富んでいるが、総じていえることは、子どもの神さまであり、たいへん祟る神であるということである。そして、祭りのときに白い旗をたくさん立てる特色もある。また流行神《はやり》としては、歯の痛みにたいへん効くし、天然痘の流行時には疱瘡神としても信心されていたのである。そのなかで、白山神社になっているけれども、その祭りのときに白旗、のぼりをたくさん立てるという伝承は、白旗塚の伝説ともかかわりあいがあるようである。白旗塚というのは、源氏の白旗伝説がともなって説明されているけれど、まっ白い旗、あるいは御幣でうめられたような塚を意味するらしい。江戸の小石川にあった白山神社は現在も有名だが、その前のかたちはともかく、神社の境内には白旗塚があることが知られている。この小石川の白山神社はのちに白山御殿という名で知られるようになってきたが、おそらくその前身はいわゆる白山権現であったことは明らかである。そこの白旗塚というものが、この白山信仰の基本にあったのではないだろうかと考える。つまり、白い旗でおおったような白い塚があったということである。

柴田道子氏が『被差別部落の伝承と生活』（三一書房）の中で、白山信仰のことにふれているが、そのなかで、よそ者に対してこの神が激しく祟るが、信者の子どもたちをたいへん好むという白山権現の性格を明らかにしている。子どもが小便をひっかけても怒らないが、大人が穢れを与える行為をするとたいへん祟るという。また、悪い病気を追いはらってくれる。とくに天然痘のような業病をもはらう力がある。祟りが強いということは穢れ、災厄をはらうという意味の裏がえしであるから、他の神格に比してその点が特徴的であり、注目される。

愛知県南設楽《したら》郡東郷《とうごう》村東原というところに白山権現があった。報告によると、五軒しかない村であった。この村にある白山権現は、赤土のはげ山の上の三尺四方ばかりの木の祠に祀ってある。以前はだいぶ繁昌したといわれ、境内に立派な石の灯籠などがたっていた。祠の扉をあけると、なかに美しい童子の像があった。これは後醍醐天皇の第三皇子開成天皇と申し上げるかただとい うが、近所では疱瘡神といっている。開帳されるときには、その扉の奥に、美しい童子の像を見るだけで、身体中がきよまるような思いがすると人々は語っていた。また一説に、神像は皇子ではなく、姫であるという説もあった。この姫は尊い生まれであって、あるとき御殿に白い雀を飼っていたが、えさを与えようとして籠の戸をひらくと雀は庭に飛び立ってしまった。それを捕えようとして追いかけるうちに、尊い身体であったのが、穢れた大地を踏んで、悪い病気にかかってしまった。ために、もう御殿に住まいをすることができなくなり、さすらいの旅に出、この東原へやってきて住みついた。いっしょに側仕えの二人の女房も連れてきて、そこの館に暮らしていたが、御殿での生活とはちがって、その日の食べ物にも不自由をするほどであった。そこで、側仕えの女房たちに命じて、近在へお布施米の托鉢に出かけさせた。お布施米はたくさん集まったが、食べきれないほどに集まってしまったので、残ったお米を屋敷の端の杉の木の根もとに捨てた。これがだんだんうず高く積るにつれて、下の方から真っ白い水が湧いてきた。その水はたいへんかおりの高い酒であったという。

こういう話が東原の白山権現につたえられている。注目されることは、白山様と称されるものが、尊い血筋の子孫であるという考え方、それが悪病にかかってしまったために御所から追放されて、一定の土地に住みついた、そこから糠塚伝説というものも生まれているけれど、要するに、白い色の水や、酒が出てくるというような説明をしている点である。

いわゆる被差別部落における白山神社の縁起というものをくわしく調べていく必要があるが、従来はあまりその研究がなく、わずかに菊池山哉氏の研究があるのみである。このなかに、いまの東原村の縁起のような伝承は直接のせられていないけれど、ただ、童子の姿をしているとか、男女二体であるという見方が語られていることは明らかである。女神であるという場合が多いのはこれも一つの特徴であって、加賀白山の神が菊理《くくり》姫であるということとも関係するだろう。周知のように、加賀白山の女神は、穢れをはらう神格として知られる神で、この神が死の穢れでよごれきったイザナギノミコトを禊ぎさせて新たにこの世に生まれかわらせたという話は、『古事記』、『日本書紀』にしるされているとおりである。従来説いてきたように白山といっていることは、「白」そのものに多義的な面があり、その点は柳田国男が説明しているように、人の出産という意味、稲の生育という意味が含まれていて、そのことは生命があらたまって生まれかわるということとかかわりがあると考えられる（拙著『原初的思考』参照）。

さきほどみた、白山権現が子どもの神であるという伝承が多いのも、なにか、生まれてきた子どもを育てていく、生まれかわらせていく力が白山権現にあることを想像させる。そこで、もうひとつ注意されることは、民間神楽、たとえば三河の花祭り、あるいは備前、備中、美作などの神楽、石見の大元《おおもと》神楽などにみられる白蓋《びゃつかい》また白蓋《びゃつけ》といわれるもので、この意味については五来重氏も注目している。簡単にいうと、この白蓋《びゃつかい》は神楽のシンボルであり、しかも生まれきよまることを説明する重要な意味が与えられている。白蓋は五色の切紙を天蓋のわくにはった華麗な一種の装置といえるものである。これを、舞う場所の天井から吊す。山伏の梵天《ぼんてん》と似ているが、要するに華麗な大型の御幣のようなものである。これを中心にして人々は踊るのである。

早川孝太郎の『花祭』の解説として折口信夫がしるした言葉にきわめて印象的なものは、この白蓋の原型は白山というものだろうというものであった。白山は、現在の神楽には残されていないけれど、安政二年の記録によってそれが再現せられたのである。要するに、それはひとつのいれものであり、しかもそれは真っ白にいろどられたいれものなのである。その白い装置のなかに人間がはいり、出てくる。出産の時に部屋を真っ白にする、吉原の遊女が八月朔日に全員が真っ白な白むくを着たということは知られた行事であったが、遊女そのものはともかく、遊女がかつては巫女であったことを知るならば、神事にたずさわる女が白い着物を着て、白い室に入ったということは、物忌み、あるいは精進・潔斎をすることであり、その白い部屋から出てきたということは巫女として認められたことを意味した。つまりは、生まれかわって出てきたことを意味したのである。また天皇家の大嘗祭における真床追衾そのものが、やはり新たに天皇霊を身につけた天皇が、そこにくるまって再び出てくるという表現にも通じていたのである。神楽はこうした白蓋を軸として、村の中の祭りの中心において人々が舞うことによって新たに生まれかわることを意図させたものであったのではないか。

安政二年以前に、愛知県北設楽《きたしだら》の奥三河で行なわれていた白山の儀礼はもっとストレートに表われていた。花祭りの最終段階に、浄土入りといういいかたで、六〇歳になった男女を白山のなかにいれさせて、その建物、つまり白山を破壊し、そのなかから新しい子どもとなった人々を誕生させるという行事であった。こうした白山のもつ意味は、生まれきよまるという意味を強くあらわすこととして注目されるものだが、想像をたくましうすれば、このような白山と称する白い布でおおわれた一種の装置を祭りのときに用いることによって、人々は脱皮新生するという意識をたえずもちつづけたものではないだろうか。このことと、被差別部落に白山権現がおかれているということの関連性が大きな問題になるであろう。

三

そこで、被差別部落にのみつたえられている文書として、菊池山哉氏や柴田道子氏が紹介した

『長吏由来之記』という史料をとりあげてみたい。『長吏由来之記』は、なぜ長吏とよばれるかということを説明した文書である。長文であるので、要点をのみしるしておこう。

冒頭に、天竺の長吏の由来として、四人の王に四人の子があり、第三番目の王子が白山権現の変化《へんげ》である、このものは、自分の身体に黒い星（あるいは墨）をつけて出てきた、としるされてある。また、日本の長吏の由来として「涅槃経ニ曰ク、日本長吏之由来者延喜御門ニ初ル者也、延喜王之第一王子者堅牢地神ノ化身、而一切衆生ヲ助ケン為ニ、身ニ漆ヲ塗リ給者、成ニ悪病一……」とある。延喜天皇の子で、白山大権現の変化であった第一の王子が、一切衆生を救うために身に漆を塗ってしまった、ために漆負けで悪い病気になった、そこで、内裏を下って清水の麓に御所を建ててそこに住んだ、としるされてある。

さらに注目されることは、長吏の由来として、「長」と「吏」の二つの概念に分けてしるしてあることだ。概略を述べてみると、まず、「長」の字を読みわければ、「天地和合二つの時は長の字はすなわち天なり、また日月二つの時は長の字はすなわち月なり、金胎両部の時は長の字は胎臓界なり、仏神二つの時長の字は仏なり、父母二親の時は長の字は母なり、昼夜二つの時は長の字は夜なり、迷悟二つの時は長の字は迷なり、過去現在二つの時は長の字は過去なり、善悪二つの時は長の字は悪なり、黒白二つの時は黒なり、智者愚者二つの時は愚者なり、出家と俗と二つの時は長の字は俗なり、水波二つの時は水なり、竹木二本の時は竹なり、草木国土二つの時は国土なり、愁と祝儀二つの時は愁なり、……(中略)……都鄙二つの時は鄙なり、男女二つの時は女なり、親子和合二つの時は長の字は親なり、上下二つの時は長の字は下なり」等々。ここで人間界の森羅万象について、「長」と「吏」の二つにわけて説明してある。ここでは明らかに、世界を二元対立的に構成させる思考がある。「長」は、その基本に白と黒の対立があって、「長」は黒を意味し、「吏」は白を意味することになる。これが「長」の説明であるが、これに対して、「吏」はこの「長」に対立するものを意味する。したがって、「吏」は、地であり、日であり、金剛界、神、父、昼、悟、善、白、出家、智者、草木、祝儀、都、男等々にあてはまる。そして、「これにより大明公家俗土人男女老若以下魂畜類に至るまで万事長吏の二字に漏れたることさらになし。しかるをもつて天竺大唐吾朝《だいとうごちょう》にも古今の長吏なり。天下守護不入のものは長吏なり」としるしている。

ここでは明らかに長吏というものは世界を統合する力をもつものとしてしるされていることがわかる。男女であればその両方にかかわろうとする存在であり、白と黒ならばその両者にまたがる位置にあって、普通の常民においてははたされない能力が長吏にはあることを明言している。このように世界の構成を二元に分け、長吏が、その両者にあいわたりうる力をもつ、つまり両義的な存在として描かれていることは注目されるところである。

つぎに、また、「仁王経ニ曰ク、一本熊野大権現ノ竹也、又一本ハ天照皇太神ノ竹也、次ノ一本ハ諏訪大明神ノ竹也、亦一本ハ富士浅間大菩薩ノ竹也、次ノ一本ハ八幡大菩薩ノ竹也、又一本ハ白山大権現ノ竹也、是ノ六本ノ竹日本ヘ広マル者也」とあって、これは長吏が六本の竹をつかうという説明である。ここにあげられている熊野権現の竹というのは、神々を祀る御幣のときにつかう竹であり、諏訪大明神の竹は魚をつるときの竹、八幡大菩薩の竹は公家の家が旗棹にもちいる竹、富士浅間の竹は七五三ばらいの串竹、そして白山権現の竹は野辺の幕布、門前竹、四本の幡棹、天蓋の竹であるとされている。この野辺幕布、門前竹、四本の幡棹、天蓋の竹とはどういうものかといえば、この四本の竹をつかって、竜天白山という天蓋をつくるのである。この竜天白山は白山大権現と称するが、この天蓋は明らかに死者をいれるものである。野辺送りのときに、長吏が死体をこの天蓋にいれて墓までもっていき、それを埋める。いわゆる常民は死の穢れをおそれ、死体の遺棄にたずさわることができない。しかし長吏は、死の儀礼に直接にたずさわることができる。死の儀礼にたずさわることのできる力をもった存在が、いわゆる被差別民と称される人々であったことは、従来の指摘のとおりである。ここで考えられることは、元来、被差別民と常民との儀礼上の隔絶についての一つの説明として、神事にたずさわれるものが被差別民であり、常民は神事の秘儀にはかかわりができない、聖なるもののみが許されて神事にたずさわれるという点が宗教人類学上指摘され得るのである。デュルケム流に解釈すれば、聖なるものと俗なるものの差というものは、聖とは神聖であるが故にこれを隔離するという考え方である。穢れの故ではなく、あくまで聖なるが故に隔離されるという意味が指摘されていることは周知のことといってよい。

かつて中世における不浄の観念において、被差別民を「きよめ」と称したのは、そうした穢れをはらい聖なるものに近づけうるという意味から出た表現であった。死の穢れの観念がどの段階で成立したかは、はっきりしていないが、死体の処理を聖なる儀礼とみるならば、それにたずさわれる能力をもつものは、きわめて重要な存在なのである。この白山のかたちをした死体をいれる道具、装置は、考えようによっては、民間神楽における白蓋ときわめて類似したかたちをもっている。つまり、安政二年段階の白山そのものであるとすれば、それは生まれきよまるため、生まれかわるための装置であった。その装置をつかって、死者をそこから蘇えらせる能力をもつものが、この『長吏由来之記』からいえば、長吏の存在意義ということになる。その力がなぜ出てくるかといえば、『長吏由来之記』によると、白と黒の世界の両域にたずさわる力をもったもの、つまり両義的存在であるが故にであった。そしてこの能力は常民には付与されていないことも明らかであった。

ひるがえって、被差別部落になぜ白山権現が多いのだろうかという柳田国男の指摘にそって考えるならば、そもそも、その白い塚、白い建物、白い山、いずれにせよ、そうしたものに総括される、死から生への転生を可能にする装置が想定されており、この装置を駆使できる存在があったということになるだろう。この装置は、おそらくは、常民、非常民を問わず、村の祭りにおいて、つねにおかれるものであって、村人はそこに籠ることによって、生まれかわる、生まれきよまる意識を年々にもちえたのであろう。さきほどあげたように、現在の民間伝承に、六月朔日前後に精進・潔斎をし、そして生まれ出てくることをお精進とかオベッカと称していること、六月朔日という暦の上では年の半分に分かれた時期に運をあらためるという意味を含めて生まれかわるといういいかたをしていることからも明らかなように、生まれきよまる、生まれかわるという観念は一般的な思考であったにちがいない。しかし、実際に死というものがあり、それにともなう儀礼がある場合に、そういう白山というものを設けてそのなかからふたたび蘇えらせるという特殊な能力をもった存在があり、これが被差別民集団のなかにおかれていた地点が、後世白山神社、白山権現と称されうる社殿となり、祭りの体系に定着していったのではないかと考えられるのである。

二　非・常民の信仰

柳田民俗学の多くの業績のうちで、日本の民間信仰について最も大きなものは、日本の神に関する問題である。日本の神というと大変はば広いものであるが、しかしその中で、最も柳田が主張したと思われるものは、大きな神社とかお寺とかは関係しないまま、民間に伝えられている神の観念であった。それは『先祖の話』で表わされたような、祖霊という観念であった。祖霊という言葉は歴史的に、一体どの時代に位置づけられるものなのだろうか、というのが一つの問題であろう。そこで祖霊の信仰を体系づけている民俗文化の担い手は何者かというと、ここに常民という問題が浮かび上ってくるのである。

柳田国男の厖大な著作のうちで、常民という言葉は表現としては三十数回しか使われていないと言われる。その程度でもって柳田民俗学のすべてをいうわけではないからというので、あまり常民にこだわらない方がよい、という考え方もある。

しかし、この常民という言葉は、少なくとも日本の人文科学の中で、人民とか大衆とか民衆という言葉とは別に、柳田国男がつくった造語であって、日本民俗学というものは、この言葉に、あるいは常民の示す実態に多く依存して展開してきているのであり、民俗学でこれ以上の基礎的な概念は他にないのであって、そうでもしないと社会学とか宗教学とか歴史学から概念を借用する以外にない。そこで唯一の基礎概念として利用できる用語が、この常民であるから、常民を前提におかない限り民俗学というものは理解できないといえる。したがって民俗宗教あるいは民間信仰を考える際にも、この常民を前提にした文脈の中で捉えなくてはいけないと思われる。

そうすると、日本の民間信仰における神の問題を考えて行く場合に当然、その担い手は、というとそれは常民であるということになる。

そのために、常民の実態をはっきりさせなければならないのだが、この常民というものについて、われわれが、共通の理解をもつようになったのは、少なくとも江戸時代の、つまり幕藩体制の農村社会下において、その具体的な実態が捉えられるものなのである。これは柳田国男の『郷土生活の研究法』（『定本柳田国男集』第二十五巻所収）という数少ない方法論を論じた中の一冊に書かれてあり、一つの農村の中で「ごく普通の百姓」というようにやや曖昧な表現となっている。

一つの村の中には三つの階層がある。それは、三角形の図であらわせば、Ｉの部分は、名主とかオモヤとか本家とか称されるグループであり、一番下の部分には、農耕に従事していない人々がいる。たとえば鍛冶屋とか大工とか木地師、あるいは他の職人、旅の商人も含めて、山伏、巫女もそうであるが、要するに、村落共同体の外から入って来てやがて住みついた層である。そしてⅠとⅢの真ん中にはさまれたⅡの部分が常民となる。それは「ごく普通の百姓」と柳田はいい、このごく普通の百姓の日常生活を研究するのが民俗学である、というふうに述べている。

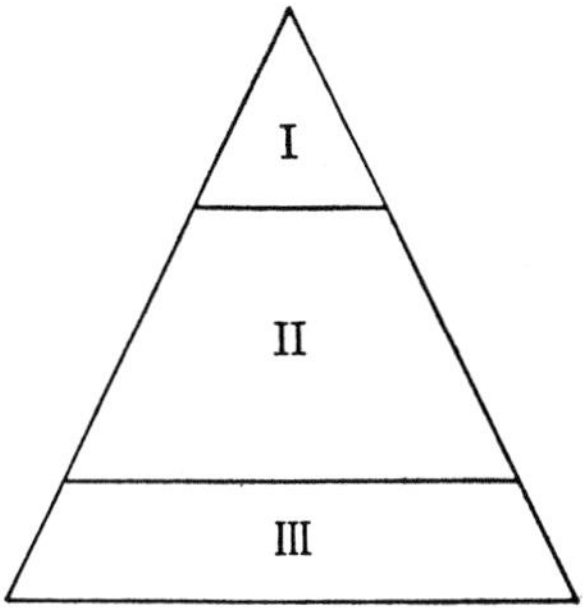

したがってこの常民を基本にして多様な民間信仰が考えられてくるわけである。この場合村の中の上層部と一番下の部分は、はじめからカットされているものであって、この常民という部分の中で伝えられている基本的な信仰体系が祖霊信仰である、というふうに考えられるわけである。じつは村落共同体といっても、歴史的には色々なヴァリエーションがあるわけで、日本の場合は、江戸時代の独立小農による本百姓体制というものが出来上る、そういう時点、つまり畿内と東北地方では地域差があるが、ほぼ江戸時代の初、中期の段階で宗門人別改帳がつくられて、そこに農民が記載されてくるような段階をさすわけである。そうするとだいたい元禄期あたり以降の農民ということになる。一方Ⅲの部分は、宗門人別改帳には記載されない場合が多いことも指摘されている。

大雑把に言うと柳田民俗学はⅢをカットした上で成立しているということになる。それから三角形の先端の部分、つまりⅠの部分をあまり問題にしていないというのは、これは名主とか主家というものが生活のレベルの上で、「ごく普通の農民」とちょっと違っているという考え方なのだが、ただし、Ⅲのようにはずされている人びとと比べると、本家、分家という関係、そうして主家という関係から推察して、必ずしも常民の枠からはずされていないようには思われている。

しかし、いずれにしても、こういう初めから除外する部分があった上で常民が存在するのであり、常民を主流とした日本民俗学というものは、最初から限界をもってきているといえるわけだ。

ところで近年の柳田民俗学の再評価ないし批判の多くは、なぜⅢをカットしたかということを追究しはじめたわけである。本当の日本人の日常生活というものを担っている民衆というものが、歴史の中心、つまり歴史をつくっていく存在であるならば、Ⅲの部分を抜かした場合に、はずされた人々は、結局、民俗学の埒外におかれてしまうことになる。

近年の柳田国男ブームというものは、柳田民俗学を万能と心得て、すべてオールマイティーというふうに考えがちであったわけであって、はじめから、この除いた部分があることを考えないで批判するわけである。

ここの部分がなぜ除かれたのかというと、柳田の常民という考えは、常民というものが日本の文化の基礎にあるというものであって、大体、人口からいっても約七割前後を占める「ごく普通の農民」がいて、その「ごく普通の農民」のもつ日常文化を考えれば、総体的な日本の文化も捉えられるということから、この常民に焦点が絞られたといえる。この常民が家を代々もち伝えていって、そうして先祖の神を祀るということであり、それを中心とした信仰を祖霊という概念にあてはめたわけである。

そしてもっと具体的には、祖霊というものの中心の機能が田の神と山の神であるというふうに考えて、祖霊信仰というものは田の神と山の神が交代することによって、農業、つまり常民の生業というのは農耕であるから、この農耕を順調に生産させるような、そういう守護神的機能を軸においた信仰体系、そうしてそれを家というものに結びつけて祖霊信仰というものをかたちづくったわけである。だから常民の神としての祖霊は、農耕を守護するものであって、それは田の神である。ところが、その田の神がいろいろな事例の中で山の神というものと同一視されている、ということで説明されるようになり、常民の神である田の神、山の神というものがここに位置づけられるということになった。

ところが、Ⅲの常民でない部分がはじめからあって、この部分についての研究は十分なされていなかったわけである。ところがこの常民に入らない人々の全体の人口の数は少ないけれども、彼らの存在は、日本の社会ないし文化に対して大きな影響を与えているにちがいないという考え方が当然ある。これは初期の柳田国男の仕事や最近では宮本常一氏らの仕事が示しているが、宮本常一氏は常民のもつ文化は大切だけれども、常民の文化に強い刺戟を与えたⅢの部分を含めて研究しなくてはいけない、といっているわけである。この問題は、最近の文化人類学の中で異人論というかたちでもとりあげられてくるものである。つまり、日本のストレンジャーというものは、常民に対してどういう位置づけなのだろうかということである。そこでたとえば山民というものがでてくる、それから漁民があるわけだが、職人集団、このグループからもさまざまに派生してくる。そしていわゆる被差別民も対象となってくる。こういう、主生業として農耕にたずさわらない人々のグループの民俗というものを考えなくてはいけない、ということになる。

ここで問題になるのは、柳田が大正の末から昭和の一〇年代において、方法論を確立した時に、農民というものを中心に出発したわけであるが、はずれたⅢの部分、つまり常民ではない人々については アンタッチャブルであったかというと、決してそうではなかった。それ以前の明治末から大正にかけての彼の民間信仰論の中には、Ⅲの部分は絶えずあったといえる。つまり柳田の論文の中の用語では「特殊部落」というかたちで、その沿革については、イタカとか山窩という問題を考えたし、とくに山に住んでいる山民という問題を研究しようという視点が用意されていたわけであった。しかし、それについてエネルギーが十分注がれる前に一つの転換があり、結局現段階では、依然そうした部分が未解決の部分として残されてきているといえよう。

だから、最近の民俗学上の民間信仰の研究というものは、大体、祖霊信仰という課題をもっているが、その結論は、柳田国男の仮説の域を一歩も出るものではない。そこで、柳田国男を乗り越えようという考えが出てくる時は、Ⅲの点から、つまり常民に非ざる部分から出発した方が柳田の考え、仮説というものを、ひっくり返す可能性が多いのではないか、という立場に立たざるを得なくなる。

その中の一つの例に、先ほど述べた山の神という問題がある。この山の神は、日本においては沢山の種類があり、大きな山、つまり山岳の神と、先ほど述べた農民の田の神になる山の神と、それから山民の考えている山の神と、大体三通りある。

最近、筑波大学の千葉徳爾氏が『季刊人類学』六巻四号「女房と山の神――わが妻を山の神と崇める由来」という論文を書いている。その中で展開した山の神論は非常にユニークなものと思われる。

柳田国男が提示した農民の、つまり常民の山の神というものは、簡単にいってしまうと大勢の子供を持っている多産系の神であり、女性神である、そして沢山子供を生む、たとえば一二人の子供を生む、と表現されるものである。またそれは二月、春の仕事始めに里へ降りてきて、田圃の神となって稲を守護し、稲の生産が終った段階でふたたび山の方へもどっていく。多くは、子供を沢山生む女神である。それが山の神であり田の神である、というきわめて農耕的な色彩の濃い神になっている。とくに山の神の性的な要素というものは、主として、男女の性交によって豊かに農耕が稔るように、つまり稲が豊かになるように、というふうに考える農民的な山の神というのが柳田説である。

ところが千葉徳爾氏は、この山の神をつぶさに調べていくと、性行為を求めるのではなくて、男性の男根というものを非常に愛する神様である、というのである。これは山民が行なっている様々な儀礼の上から判断するわけであって、男根崇拝は山の神と深く結びついている。山の神が女であって、男根というものを、特に山の神は珍重する。だから山の神の祭りの時に、大きな男根を供えて祀る、と説明する事例が沢山報告されており、その報告に基づけば、この山の神は男根のみを尊重することになる。

柳田国男の場合は、そういう点をいわないのであって、つまり多産系の神というのは、男女の性交を軸にして農耕を豊かにするという、そういう一つのパターンがあるわけだから、山の神の祭りの中でとりわけ男根が重んぜられているということについては、それほど考えられてはいないようだ。

ところが、千葉氏が調べている山の神は、ほとんど男根崇拝を中心にしている点に特徴がある。この男根を重んずる風は、山の中へ若者が入り、これは山民である狩猟民であるが、猟をする前に自らの一物を呈示して、これを激しく勃起させる。つまり男根崇拝とはその勃起を基本に成り立っている。山の神は、勃起した男根を非常に大切にして、それを見ることによって刺激を受け狩猟民に豊穣を与えた、というかたちになる。だから性行為を求めるのではなくて、男根そのものを信仰するのが山の神信仰の軸にある、ということになる。

このことは漁民の場合にもあてはまる。漁師が初めて漁に出漁する時に、初めて船に乗る若者の一物を縄で縛りあげて、激しく擦りあわせて勃起させる。とくにそれを海に向って行なう、ということがある。だから山民と漁民とが共通した儀礼をもつことになる。狩猟民は、守護神である山の神を祀っている。漁民の場合は、山の神とはいわないけれど、漁の神となっているわけであるが、そこに共通した儀礼をもっていることになる。

この要素は農民の方には余り見られない。たしかに男根そのものを田の神にわざわざ見せつけるということは、ごく普通の農民の意識には全然ないのであって、あくまで男女の性交を基にして豊かに農耕を稔らせるという、そういう儀礼はもっているけれど、こういう山民、漁民のもっているような男根崇拝というものは存在していない。

千葉氏は、この実態を軸にして、山の神の性格は元来そういうものなのであることを明らかにしている。農民の山の神とはいっているけれども、実は山民の山の神が最初にあり、やがてそれが農耕化した段階で、山の神・田の神という往来が行なわれるようになるので、もともと山の神が中心なのだ、と述べている。

これは、柳田国男の説とは対照的なものになるわけであって、少なくとも一つのポイントとして、常民でない方の人々の目から、もう一度民俗宗教というか、民間信仰というものを見直そうという、そういう傾向がでてきている。千葉氏の山の神論というのは、その一つの具体的なケースになるわけである。

そこで異人という問題がここにも出されてくるわけである。つまり柳田国男の言葉でいうと、常民と、常民でない非常民と、二通りのものがある。ところが日本の農村社会はほとんど常民であって、「非常民」というものも日本の歴史的な流れの中で、多く常民化しているわけで、実態として二者を分けて考える必要はないわけなのである。つまり山民がだんだんと農村の中に定着して住むようになった。千葉氏が挙げた山民というものも、だんだん村の中へ住みついていくわけであって、木地屋にしろ山窩にしろ、結局常民化していく。常民化していくこと、つまりごく普通の農民に化していくということは明白なことで、二つを分けることはないのだが、これを批判する立場からいえば、常民を中心にしているために、たとえば非常民のもっている、とくに社会問題でもある被差別民がもっている宗教体系というものは、いったいどういうものであったのか、といった点が問題になってこない傾きがあるわけである。

常民が祖霊信仰をもっているならば、これとは差別された人々、先ほどの山民では山の神であったし、漁民は漁の神であったけれども、こういう人々の中の信仰体系はいったいどういうかたちであったのか、ということを考えなくてはいけない、という批判が多分に出てきているわけである。そういう問題を考える上で、ここで一つの具体的な問題を考えてみたいと思う。つまり、常民化、常民というふうなもので捉えられないで「非常民」とされている、この常民でない部分に中核をおいた信仰体系が別に存在しているのではないかという、そういうものが果たして成り立つかどうかという、点が問題となる。――もっともこの「非常」というのはちょっとあやしい言い方ではある。「非常」だと非日常的なものというかたちになって、つまり常民の日常ではないもの、というふうに考えられてくる。これに対して、常民というものは先ほど言った、ごく普通の農民の日常生活の文化そのものを指しているのである。だから常民と常民性というこの両方をもとにして、日本の民俗宗教というものが柳田国男によって体系化されたのである。

そこで、仮に、常民に非ざる「非常民」ということにすれば、これはたとえば差別された人々であった。そうすると差別された人々というのは、江戸時代でいえば「穢多・非人」などが中心であった。つまり村落内で常民からはずされた人々、それが実際の村の中に四〇軒なら四軒ぐらいいいたし、一割程度の人々が住みついていた、ということはほぼ明らかなのである。これは柳田民俗学も認めているわけであった。つまり農耕に従事しないで特殊な職業についた人々がいた。その特殊な職業人というのは、どういうかたちで村の中に存在し得たのかということは柳田国男の論文で「能と力者」(『定本柳田国男集』第七巻所収)というのがある。この力者というのはパワー・マンである。大男で、怪力のある人間は農耕に従事しないで、人並以上の力がある故に別な職業についた。柳田は、力者というものが、お寺に仕える承仕である、つまり力持の男がお寺の中におり、鐘つきをしたり大きな釣鐘を運んだり、お寺の色んな道具を運んだりする、そういう力を持った者がいて、彼らは農耕に従事しないで寺に仕えていた。けれどもそういう人々が次第に村落の中に住みついてやがて常民と区別がつかなくなったと、そういうことをこの論文で書いているわけである。この力者というのは、力があるが故に農業だけにおさまらない、そういう存在であった。それでいったいどういう仕事をしていたのかというと、京都の場合でいうならば、京の「まち」があって、この中心からはずれた周縁部に、こういう力のある者が住んでいた。

とくに比叡山の麓に八瀬童子という者が住んでいて、彼らは何をやったかというと、力があったから駕籠かきをやっていて、とりわけ天皇家とか有力な貴族達の家の駕籠をかつぎ牛車を引く、そういう役割で文献の上にあらわれてきている。

こういう存在は――これは京都の事例だが――文献の上では非常にはっきりしている。民間伝承の上では、村の一隅に住んでいて、昔話などを見ると、それは家筋を持った家であり、差別されていた。つまり大男や大女で力があって、知恵の方が少し不足していたために、絶えずうとんじられているというような人びとが住んでおり、そういう人びとは力があるが故に、年一回ハレの舞台に立つ。つまり力競べをやるわけである。それが相撲大会になるわけで、関取りというかたちで強力さを保持するような、そういう時にのみ評価されるような人びとがうまれ、これが力競べのために職業化してくるのが、やがては大相撲にもなっていくわけであった。これも常民からみて一種の被差別民といえた。つまり農耕からはずれた人びとということであって、それは力があるが故に差別されていた、そういう考え方が一つある。

それから「穢多」とか「非人」といったかたちで、近世の農村の中に常民からはずされた部分にいた人々の行なう仕事というのは、これは非常にはっきりしているわけであるが、死の儀礼に結びついていたわけである。つまり葬式の執行者としての位置づけにおかれていた。これは人間の死だけではなくて、家畜の死というものとも深い関係を持たされていた。つまり死骸処理者としての職業で差別されるという者がいた。このことはもうすでに常識化した知識となっている。

ところが、ここで死の儀礼に携わるということで差別された人々の信仰体系というものはどういうものか、民俗学の方で打ち出してはいない。

被差別部落の信仰生活の中心はもちろん神社である。神社は被差別部落の中心にあって、それが東日本では白山という神社であるという特徴がある。これはハクサンと書いてシラヤマと読む。この白山のシラ（白）という言葉は――前に二、三の論文（「ウマレキヨマル思想」、「白のフォークロア」、「シラの稲霊」、『原始的思考』所収）を書いたことがあるけれども――要するに多義言語であって、いろいろな用例がある。簡単に言ってしまうと、白山というものは、人間の生命が生まれてくる、つまり、人間と植物の再生という観念に深く結びついた古い言葉である、という想像がさ

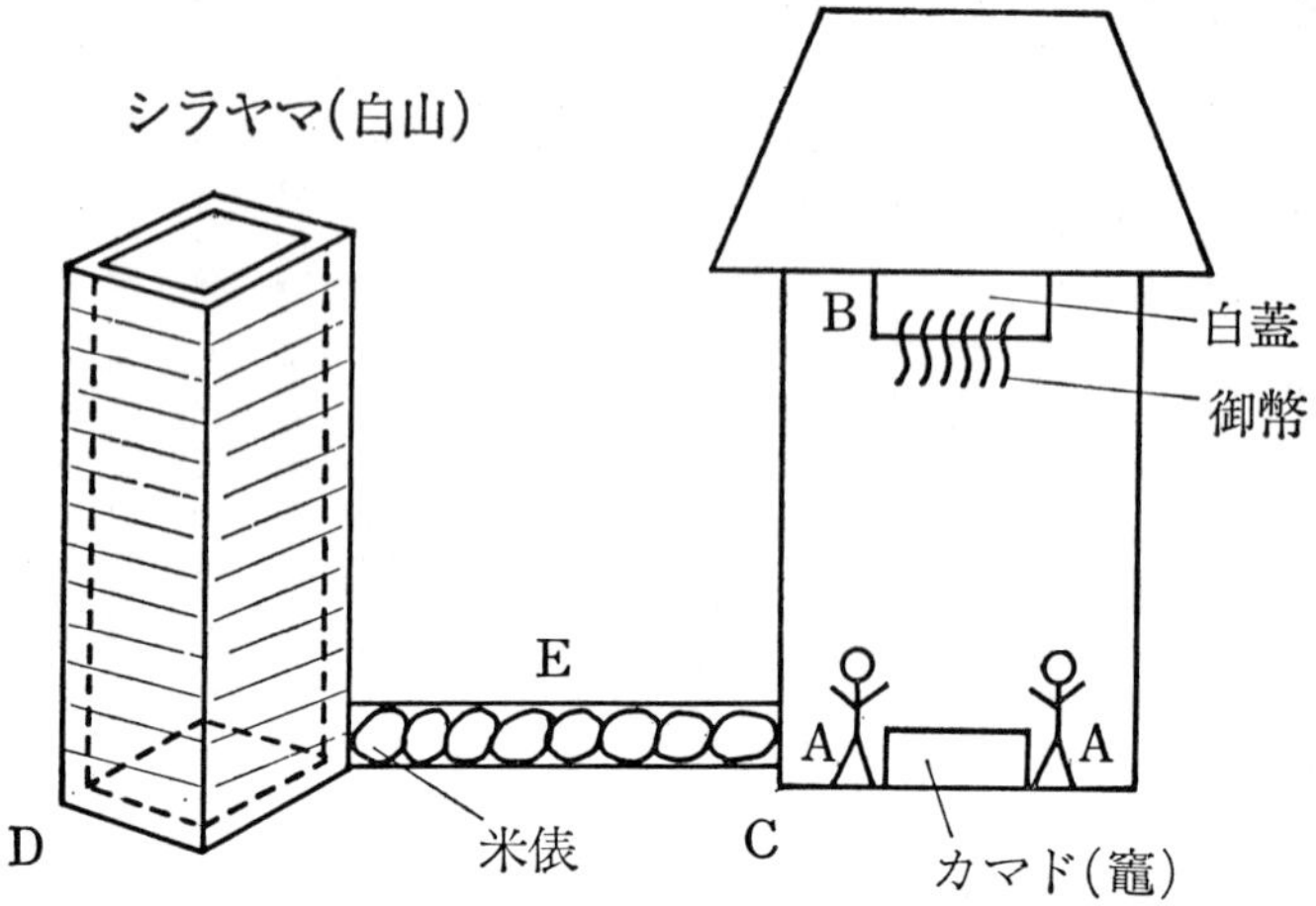

れたわけであった。

この白山と称するものを、東日本の被差別部落の中心の神として祀っている、ということが明らかであったわけで、それはいったいどういう意味があるのだろうか、ということを以前考えたことがあった。それ以後この点をあまり発展させていなかったわけであるが、しかし実際、この白山の儀礼を調べていく必要があって見てくると、たまたま白山という言葉が残っていたのは奥三河の祭りである。これは花祭りという祭りであるが、この花祭りは、今でも日本の代表的な民俗芸能であり、この花祭りの儀礼の中に、天井から真白い箱がぶら下がっており（図B）――真白い箱といっても御幣をいっぱいまとわりつけたものである――、その下に竈があって、その周辺が舞戸という踊る場所である。

みんなここで「オーセイ、オーセイ」とかけ声をあげつつ踊る（図A）。

この状況は、花祭りや雪祭りもそうであるし、それから遠山の霜月祭りにも見られる。日本の代表的な民俗芸能といわれている部分の中に、必ずこういう（図B）妙な装置があったわけだといえる。これを白蓋と称していた。これをよく調べていくと、この白蓋というものは、一つの建物であって、以前は天井に置かれているのではなくて、舞戸から（図C）橋をこしらえて離れた地点に建物（図D）をつくった、というふうにいわれている。それは四角い建物であって、橋というのは（図E）米の俵を置き、そうして白い布をずうっとたらしたものである。ここに（図Dの中）皆んなお籠りをするわけである。この建物は上があいており、全体が青い葉と白い御幣で覆われていた、そういうものである。これをシラヤマといったのである。

これは現在はなく安政二年（一八五五）、つまり一九世紀の半ばまで残っていたものである。花祭りは、神迎えをする厳粛なお祭りで、その時に白山というものをこしらえて、この中へ入ることを浄土入りと称した。浄土入りというのは、村の中の六〇歳になった男女が、白山の中に入り物忌みをするわけである。そうして、ここで舞い終った鬼達――鬼の面をつけた者達――が最終の段階で、白山でお籠りをしているところに、ドカドカとなぐり込みをかける。そうして、この建物を一切破壊してしまう。すると、この中にいた人々は恐怖におののきながら、壊れた建物の中から飛び出して来る。その時に「沢山の赤子が生まれてきた」というふうに表現されている。

つまりカンゴという「神子」というふうに書くが、こういう神子というものが白山からあらわれてきた。子供が新しく生まれてきた。老人が浄土に入って今度は新しい子供として生まれてきた、というふうに考えるわけである。浄土入りという言葉は仏教的であるけれども、考えられていることは、白山の装置からふたたび生まれかわる。これが白山の本義というふうに考えられるということで、この問題についてすでに、折口信夫が気づき、早川孝太郎の名著『花祭』の解説の中に書いている。

折口の説明では、この儀礼が奥深い奥三河の山村に残っているけれども、もう一カ所残っているのを知っている。それはどこかというと天皇家だ、という指摘をしているわけである。真白い建物の中に入って新しく生まれかわってくるというのは、天皇が大嘗祭の時に行なう行事と同じだという指摘をしているわけである。もう一つ注目されるのは吉原の遊女社会である。遊女達も、八月一日、つまり八朔の時に、真白い着物を着て白い部屋に閉じ籠っているということが江戸の随筆類にあるのである。天皇と遊女と白山を信仰した人々との関係というのは、大変面白いことになるのだが、遊女の前身たる巫女達の生活の中に、こういうものがあったということも予想されるわけである。

ところで、花祭りをやっている部落は、奥三河には非常に多い。たしかに奥三河には被差別部落と称される村がいくつかあるけれども、そこに白山があるとは限らない。そして花祭りは、ごく普通の農民たちの間でもやっているのである。したがって、これをやっているが故に被差別部落である、というふうに簡単にはいえないのである。じつは近世以降の農村社会では常民と被差別民とを分けて考えることができなくなっているからである。常民は、昭和の初期、あるいは第二次大戦の前ぐらいまでの段階ではほとんど農民というものであった。ところが今はもう二〇パーセントか三〇パーセントしかいないから、次の段階で常民を対象とする民俗学のあり方を考えなくてはいけないことになるが、一応、考えられてきた常民というのは、村の中に沢山いて、もちろんそれ以外の人々もいるが、その人々も常民化した生活を送ってきている。しかし被差別された、つまり近世の「穢多・非人」というかたちで人別帳から多くはずされている、そういう人々のやっていた儀礼の中に、白山儀礼にみられる傾向がより強くあったのではないか。花祭りの分布の地域が被差別部落である、というふうにはいえないわけであるけれども、安政二年という段階に、一つの村にこういう装置がおかれていた、ということが一つの問題になる。

それからもう一つは、花祭りで白山という装置がおかれているわけだが、その白山というものを祀っている神社、これは白山神社というふうになってしまっている。この白山は一般に加賀白山を代表とする。白山は富士山と同じように万年雪をもっている真白い山である。日本の山岳信仰の中でも、加賀白山と富士山というのは、真白な雪を絶えずもっている、ということで知られていた。中世の段階では白山修験が非常な勢力をもっており、一方、富士山は江戸時代の段階で富士講という大きな信者の団体をもっていた。ともに対照的な名山になるわけだ。ところが両方とも万年雪をもっていて、その雪がある土地に降り積って白山になるといわれている。これは関東地方からいくつかの報告が出てくるのであるが、この雪が降る時期が夏であって、夏にさんさんと白い雪が降ってくる、それが富士山と白山の雪である、というふうに信じられているわけである。これが降り積ったところが真白い山になって、そこに祀られている神社が浅間神社あるいは浅間塚と称される。関東地方は加賀の白山の信仰より、富士山の浅間信仰の方が、はるかに浸透しているわけであり、富士山の雪が降り積って真白い山になる、といわれる現象の方が非常に多いわけだ。

山岳の白山《はくさん》にだけこだわると、白山《しらやま》というものは理解できないわけであるが、しかしこの白山の中でも加賀の白山がとくに有名なのは、ここに中世的な修験がいたということのほかに、この神様が菊理媛《くくりひめ》であった、ということなのである。菊理媛というものは、『古事記』、『日本書紀』に出てくる女性の神様で、禊《みそぎ》を大変重んじた穢れを払う神様である。イザナギ、イザナミノ命があの世で出会って、イザナギが逃げてきて、境界である黄泉平坂《よもつひらさか》という坂を越えてこの世にもどる時に、体が穢れているのでどうしたらいいかと途方に暮れていたら、菊理媛が出て来て水へ潜りなさい、水の中へ入れば体が清まりますと言ったので、禊の神様として知られている。それが加賀の白山の主神である。この意味から、全国各地に白山神社の祭神として祀られており、とくに被差別部落にある白山神社の神様としても菊理媛が非常に重要視されている点が大切なのである。つまり菊理媛というのは、穢れを払うためにあらわれた神様で、女性神である。それが被差別部落の中心の神社であるお宮の主神として祀られている。女の神であって、よそ者に対しては非常に祟る神様であって、しかし子供だけは大切にする。子供が神社に小便をひっかけても怒らないで、大人が小便をひっかけると非常に怒る。これは柴田道子氏が長野県下の被差別部落を調べて、白山様と呼ばれる神様は、子供好きの神様である、という報告をしていることからも明らかで、子供を非常に大切にする。そうして穢れを払ってくれる。そういう神様であった。この神様のお祭りの時は全部真白にするといわれる。つまり白い御幣で拝殿、神殿などを全部覆ってしまったり白い幟を立てる、鳥居には全部白い御幣を垂らす、こうして全部真白にする、という報告がなされている。

いずれにせよ、先ほど言った、花祭りや霜月祭りの神楽に出てくる白山という装置と、白山神社の性格とは非常に似ている点がみられるのである。つまり生まれかわるような、人間の穢れを払うような神格として想定されているわけである。

最近、被差別部落の民俗調査は十分なされていないけれども、いくつか発見された文書の中で『長吏由来之記』というのがある。それはなぜ自分達は長吏と呼ばれるのか、ということをこまごま記した文書である。この『長吏由来之記』というものをひもとくと、きわめて重要な点がいくつか出てくる。それは何かというと、要するに『長吏由来之記』というのは、自分達はストレンジャー（異人）である、外国からこの日本国にあらわれてきた神の子孫である、ということを称しているのである。

天竺の長吏という者がいて、つまり天竺というのは日本では外国なのだが、そこの王に子供が四人おり、そのうちの一人が日本の長吏の先祖なのだ、ということを述べ、そしてそれは天皇家と結びついた。その霊が天皇の子孫として生まれた。その子孫は本来なら天皇になるべき存在であったのだけれども、体に穢れを塗りつけて、ここではたとえば漆を体に塗って、そうして悪い病気にかかってみずから御所を出て、つまり天皇家から出て、そうしてあちこちまわった結果、やがて民間の中に住みついた、それが長吏というものなんだ。自分達が長吏と呼ばれるのは、そうした尊い生まれの出であり、本来なら天皇家となるべき存在であるけれども、みずから自分の体に漆を塗って、悪い病気になってしまい民間社会にあらわれてきたんだ。そういう説明をしているのである。

この『長吏由来之記』というものは、現在なかなか見ることができないわけで、これは長吏の由来を記すのであるから、普通の説明だと、長吏というのは白山長吏であって、それは白山神社のナンバー・2ぐらいの位置にいる神官である。だから今も白山には長吏という言葉はちゃんと残っているわけであるが、それは結局、被差別民に対する用語である長吏の説明になってはこない。つまり加賀白山との関係は一向に出てこないのである。明確なのは長吏が存在する理由である。そこで興味深いことは、長は黒であり、吏は白である、とも書いてあることだ。自分達を長吏というのは、白と黒をあわせもつ存在である。さらにそれだけではなくて、いろいろな言葉を対比させて長吏の由来を説明するのである。このことをもう少し説明すると、

自分達は長であり吏である、そして

黒であり白である
天であり地である
月であり日である
胎であり金である
母であり父である
夜であり昼である
迷であり悟である
過去であり現在である
悪であり善である
愚であり智である
俗であり出家である

愁であり祝である
田舎であり都である
女であり男である
下であり上である
邪であり正である

文化人類学の立場からいうと、これは二項対立の概念で説明される内容である。二つの意味するものが対照的なわけである。こういう対立概念で長吏を説明して、そうして自分達はなぜ長吏と呼ばれるのかというと、そこに、黒と白というのが軸にあるらしくて、この世の中に黒と白をうみだしてきた、この二つをそなえもつ存在である、そういう言い方である。黒と白をそなえており、これは長と吏と二つをそなえているのが自分達なんだということに連なる。愁と祝をそなえる、女と男をそなえるし、田舎と都をそなえる、……こういう言い方で長吏ということを説明している。こういうものが自分達なのであって、だからもう少し第三者的にみれば、長吏というものは黒と白を兼ねそなえる非常に両義的な存在というふうになるわけである。

黒と白をそなえることができ、長であり吏であるが故に、先ほども言った、常民のさける死の儀礼に参加することができるのだと、そこで自分達は白山というものをつくる。なぜつくるのかというと、白山のつくり方が書いてある、竹を持って来ていろいろな道具をこしらえる。四本の竹に白布をかけ竜天白山と書いて葬式の時の道具をこしらえる。それは何かというと、白山権現が鎮座するものなのである。それはまた花祭りなどに出てくる白山の装置と形が非常に似ている。あるいは花祭りの白蓋とも非常に似ている。こういうものをつくって、死者をその中に入れ、そして野辺送りの時に遺体を運んで、埋める仕事をする。それができるのは、自分達は長吏なのだからという。これはなぜかというと、先ほどの白山というものは、人間を生き返らせる道具なのであり、生き返らせる道具を葬式の儀式の時に用いる。こういうことができるというのは、つまり、死んでいる者を生き返らせることができるというのはなぜかというと、自分達は長吏だからだ。長吏というのは、世界の対立するものをあわせもつような性格のものである。自分達は本来は、天皇家に生まれるべき人間であったのだけれども、それを自ら天皇家から離れて、大地の方へ穢れたかたちとして流れついて住みついた。しかし本来は非常に価値の高い存在である、ということが、この『長吏由来之記』にこまごまと説明されているわけである。

自分達は黒であり白である、という言い方で、二項対立する概念をあわせもつような位置づけ、そういう両義的な存在、そういうものは、実は常民の方には存在しえないということになる。つまり常民というものは、どちらか片方しかもちあわせていない。ところが長吏は両方をもちあわせている。だから人間が死ぬ時の儀礼に関わることができるということは、人間を生まれかえらせるための道具である白山を使うことによって可能になる。だから葬式の儀礼に関係できる。このように死と生の両方の領域に関わりあいをもつことができるというのは、非常に両義的な力を示すもので、常民よりはるかに強い力をもつが故なのだ、ということを、この『長吏由来之記』から読みとることができる。

この白山というものをもっているのは、折口信夫の指摘によると天皇家、つまりそれは大嘗祭の儀式の時のものだというわけであるから、被差別部落にこれがあったということと、天皇家にあるということは、奇しくも常民というものをはずしたところに成り立っている信仰形態としての意味づけを可能にしてくるのである。

常民でない領域、つまり非常民というもののもっている信仰体系というものは、たまたま東日本に残っている白山というものを通して考えていくと、死と生の領域を司るような、そういう独特の信仰というものをもっている。これはなぜ被差別部落に白山が多いか、という一つの説明づけとして、今述べたような信仰があるといえるのである。それは常民の祖霊信仰とは別の意義をもったものとして存在しているに違いないのである。

柳田民俗学の文脈からいうと、柳田国男は常民という表現を途中でやめて、昭和三〇年代になって常民性という理解にしたのは、常民という言葉は、恐れおおくも天皇家を含めるからだ、天皇家の儀礼というものは常民と非常に近い点があるが故に、常民性という言葉を使うのである、ということを説明しているわけである。ところが、この常民というもの以外の、差別されている人々の信仰が除外された、という批判が一方にあったわけであり、これを逆に、今述べたような、白山というような信仰を通して考えていった場合、常民文化とは別の文化のパターンが抽出されるのではないか、ということがいえるわけである。

三　力と信仰と被差別

一

秋田市の太平山の頂上に三吉様という神が祀られている。一般には修験の祀る神格で、火除けや開運に霊験が語られているが、この三吉様を主人公とした昔話・伝説が、秋田県、山形県下を中心に語られている。大友義助氏の報告によって、若干の事例をみてみよう（大友義助「秋田の三吉様」、『民話』五号）。

酒田市八軒町にある三吉神社についての土地の言伝えによると、昔、中平田茨城新田村に三吉という正直者がいた。三吉はよく働き、人々の信望も厚かったが、ある日用事があるといって秋田へ行ったきり消息を絶ってしまった。三吉は秋田の太平山に入り、そこで修業して、神様になったのである。その後安政年間に、三吉様の御神体が新田川を流れてきたが、その姿は巨大で、頭、胴、足が三つの町にわたった。これを川中より拾い上げ、今の八軒町に祀りこめた。三吉様は火除けと相撲の神として崇められている。祭日には奉納相撲が行なわれるが、この日忽然として体は小さいが物凄い力持の男が現われ、賞品を一人占めして、姿を消すという。これはどうやら三吉様の化身らしいという。

山形県の最上地方の話では、奉納相撲にまつわってこんな話となっている。三郎という力自慢の若者がいて、彼は九人まで倒して、もう一人で一〇人抜きを果たし、賞品をかっさらうはずだった。ところが一〇人目に一人の男が突然姿を現わした。山のような大男で、髪も伸び放題、ぼろぼろの着物、眼だけぎらぎらしている。この大男はさしもの三郎をも一ひねりにして、悠々と立ち去ったという。人々はあの大男こそ三吉様にちがいないと言い合ったという。

新庄市の三吉様は、人間の時は年寄り夫婦が不動に願掛けして得た子供だった。成人して筋骨たくましい力持となった。父のかわりに馬引きをして生計をたてていた。三吉が一八歳の時、父が死んだ。その後母親に一生懸命仕えていたが、ある日自分は、村の三角山に登り神になるといい、山に登って戻って来なかった。その頃炭屋の娘が、屋敷の床下に住む大蛇に呪いをかけられ大病となった。この大蛇を殺すためには、三吉様の力を借りねばならぬと村人は衆議一決し、三吉様に祈願した。山へ村人が行くと、大きな松の木の下から、髪は白く、ひげはぼうぼう、着物はボロボロで眼光鋭い、三吉様が現われた。三吉は、村人の頼みを聞き入れ、里へ下ると、酒で身を浄め、床下の大蛇と格闘してこれを殺し、ふたたび四斗樽の酒を飲んで、三角山に帰っていったという。

以上から三吉様のイメージは、⑴大男（わずかな例では、小男）で大力の持主である。⑵しばしば力競べをして勝つ。⑶山中に住む異人として描かれている。⑷山中に入る前、里に生活していた。農民ではなく馬引きなどしていた。⑸山中に入って神化したと伝えられている。といった点に集約されよう。

青森県津軽地方に、大力三十郎と称された力持の話がある。昔青森県西郡岩崎村に又地三十郎という男がいて、山菜をとってきてそれを売って生計をたてていた。ある夏の日、帆立沢の三本杉という所へ青物をとりに出かけたが、その日は炎暑で、汗が出てのどが乾いて仕方がない。沢へ降りて水を飲もうとすると、川上から一片の雪の固まりが流れてきたので、不思議に思いながら、それを拾って食べた。するとたちまち大力の持主となったという。それ以後、大きな船のような籠をかついで青物を沢山とって帰ってくることができるようになり、たいへん大金持となったという。その頃隣りの深浦という村に、やはり大力の船方が住んでいて、三十郎の噂を聞き、力競べにやってきた。その時、三十郎は庭で藁をうっていたが、喜んで船方を家にあげた。玄関に船方のもってきた千石船の大錨が置いてあるのを見かけて、それを傘だと思い、誰かに盗まれるといけないとばかり、大錨を軽々とかつぎ上げ、曲がった先端を飴のようにのばして、家の中に持ちこんだ。これを見た船方は仰天し、こんな力持を相手にしては勝目がないとばかり、あわて逃げ帰ったという。それ以来、村人は又地三十郎を、大力三十郎と呼ぶようになったという。

この話で興味を惹くのは、夏に雪片を食べて大力の持主となったことである。夏の雪は、旧六月一日（炎暑）に降るという伝承は、氷の朔日の全国的な伝承の中に位置づけられるものだが、歳運を改めることから、生まれ代わる、再生するという意識を秘めていると推察できよう。三十郎は夏に雪片を食べるまでは、山に入り、山菜をとって生計をたてる貧しい男だった。注意されることは、村の中の田畑をもった耕作民ではなかったことである。そしてこの男が大力を得ることができたという点である。また大力をもつのに、ある種の神霊の働きがあることもわかる。

やはり津軽地方に、三人の力持の話がある。

昔南部、津軽、秋田に三人の力持がおり、名を力太郎、仁太郎、由太郎といった。この三人は旅に出て、ある村を訪れ、村はずれの一軒家に宿を乞うた。一人の女（あねさま）が住んでいて、釜に薪をくべ飯をたいていた。あねさまは、三人の力持を泊めることはできないという。じつは今晩、人を食いに化物がやってくるはずだ。この化物は毎晩でてきて、村人の一軒一軒をおそってきて、今夜は自分の番であるから、今夜食べられる前に、亡き親たちへお初（新穀）をあげておきたい。それについて貴方たちに迷惑をかけたくないので、早く立ち去ってくれと頼んだ。これを聞いた力持たちは、その化物と力競べしてやろうと、その家に留まることとした。やがて夜更けになまぐさい風とともに化物がやってきた。力持は、外へとび出すと、大きな目玉の化物が屋根の上からにらんでいる。三人は化物にとびかかり、引きずり下ろして縄で縛ってしまった。じつはこの化物は村の産土神だったのである。村人たちが、産土神に供物もせず、祭りをしてあげないので、怒って化物になって人を食べていたのだという。

この話からも、力持がふつうの農民ではなく、旅をする存在であり、とりわけ神霊と関わり合いをもち、神と力競べをする能力をもっていたことがうかがえる。なおこの話の基本には新嘗の夜に主婦が、祖霊の供物を作るために物忌みをしており、そこに来訪神が現われたというモチーフの存在が指摘できる。

いずれにせよ力持は、少なくとも定着農耕民としてイメージされるものではなく、あくまで非日常的存在であり、神霊との交渉がつねに背後にあることは明らかといえる。

次の話は、女の力持であり、ここにも神霊の関与が顕著である。昔大変貧乏な家に、老人夫婦と一人の孫娘がいた。この娘は、丸顔で眼玉がまん丸く、口は大きく、鼻は高過ぎ、髪は赤ちゃけており、しかも身体は大きくて相撲取りのようであった。この家には田畑はなく、娘は毎日百姓仕事に雇われて働いて生計を得ていたが、力が強くて、二人前も三人前も働くので村人から重宝がられていた。しかし醜女であったので、誰もあねことよぶ人もなく、鬼あねこと呼ばれるのが常であった。けれども鬼あねこは心の優しい娘で、少しも怒ることはなく、いつもニコニコしていた。田植えと田の草取りも終えて、百姓仕事が閑な時も、山へ薪木を拾いに行き、それを売って米を買い、老夫婦を養っていたという。ある時、夢中に白い着物を着た神が現われ、山の上に松と杉と檜の三本の樹が立っており、その下に小さい清水がある。その水で三度顔を洗うと、髪は真黒になり、美しい顔になるだろうというお告げがあった。翌朝あねこは、山へ行ってみると、たしかに三本の樹と清水がある。清水で口をすすぎ、三本の樹に向かって拍手をうって、三度顔を洗った。すると今までとちがって、たいへん美しい娘に生まれ代わった。この噂が、村々に知れ渡り、今まで鬼あねことよんで馬鹿にしていた人たちも、ぜひ嫁に欲しいと言い出す仕末であった。そのうち、お城に奉公に上がり、殿様に見染められて、奥方となり、幸せに暮したという。後に村の女たちが、その清水で顔を洗ったが、ちっともきれいにはならなかった（以上三話は、斎藤正編『津軽の昔話』岩崎美術社刊による）。

女の力持も、明らかに神霊の加護を受けて成り立っている。鬼あねこはまた村の中では貧しい階層であり、田地を所有することのできない存在として描かれている。

二

女の力持に対する世間の評価は、この話でも分るように、むしろ女性にとって醜の属性として考えられるものだった。実際女に力持があっても、それを表面に示さないのが世間の常識だった。仮にそれが世間に現われると、非日常的な側面が強調される傾きがあった。江戸時代の随筆類には、しばしば女の力持が好事の対象としてとらえられている。『力婦伝』なども作られたようだが、見世物として女力持が公開されている。「両国にて見せたり、馬を板にのせ、手足にてさし上げ、また立臼をさし、これに米を入れて人につかせ、亦五貫束を片手に持、百匁掛の蠟燭四五挺をもしてあふぎ消す、女には珍らしき怪力、巴板額も一位を譲るべし」(『忘れ残り』上)。あるいは、「近頃堺町見世物芝居へ、友代と云へる力婦出て世に鳴り、其後も所々へ出たり、渠は其前本郷大根畑より出たるよし(下略)」(『奇異珍事録』五の巻)とあるように女性が示す物理的力は、外見上あり得るべからざるものだと思われていただけに、異常視されたのである。

『譚海』十二に、次のような世間話がのせられている。二人の姉妹が江戸に住んで、ひっそり暮していた。姉は尼で、妹は手習をして生計を立てていた。尼の方は時々むら気を出したり、ひとり言をブツブツ言ったりすることがあるが、日頃は物腰優しく、「うちむかひてかたらふときは、本性なる時殊にうるはしくなつかしき人也」。ところがこの尼が思いがけず大力の持主だったというのである。ある時、頼まれた男が、台所の水がめに水を汲み入れていた。水を半分ほど入れたところで、水がめの台の位置がよくないので、どうしたらよいかと妹にたずねた。すると姉尼が立ってきて、水がめを持ち上げるから、ちゃんと直すようにといって、大きな水がめで水が入ったままのものを、左右の手で軽々と持ち上げて台を直させた。水汲みの男はその大力をみて恐ろしくなって逃げ出してしまったという。この尼の素姓は、さる然るべき家中の娘だったが、さるべき方へ嫁に行ったところ、夫のふるまいに腹を立て、やがて夫を打ち伏せ、大釜を引きあげてかぶせたりするので、不縁となり、頭を丸めてしまい、妹と住むようになった。だが「折々本性のたがへる時は、妹をうちふせてさいなみける、力の強きまゝ、妹なる人も殊にめいわくして、後々わかれ〳〵に成ぬとぞ」という後日談となっている。この女性がどうやら潜在的に大力の持主であり、表面上には分らないが、突然本性を発揮することがあり、人々を畏怖させたのである。こうした世間話の中では、女が秘めた大力を発現させると忌まれる、という状況があたり前のこととなっていたのであった。

だが女性の民俗上の位置づけを究明した柳田国男は、「以前には力は信仰であつた。神に禱つて授けられると信じ、又親から子孫に伝はるのを神意と考へ、力の筋は女に伝はつてよその家に行つてしまふとも言つて居た」（『木綿以前の事』）と指摘している。

『日本霊異記』中巻には、女の力持が堂々と語られている。すなわち「力女捔《ちからくらべ》力試縁第四」に、聖武天皇の御世の話として記される。

（前略）三野の国片県の郡小川の市に一の力女有り。人と為り大きなり。名を三野狐とす。是は昔三野の国の狐を母として生まれし人の四継の孫なり。力強くして百人の力に当る。

この女は、往還の商人を襲って、強奪する女盗賊であった。一方

尾張の国愛智の郡片輪の里に、一人の力女有り、人と為り小し。是は昔元興寺に有りし道場法師の孫なり。

この力女は、三野狐の悪業を聞いて、力競べに出かける。むちを用意していき、三野狐がむちを振うより早く、相手の身体に打ちこんだ。あまりに力が強いので、打つたびに、むちが肉にめりこむという物凄さで、とうとう三野狐を降参させてしまったという。

「夫れ力人は、もち継ぎて世に絶え不。誠に知る、先の世に大力の因を殖えて、今此の力を得たることを」と記されている。

二人の力女は、一方は狐を母として四代目の孫にあたり、他方は道場法師の孫である。二人は力競べをするように運命づけられており、背後に神霊が働いている。しかも力の筋は代々伝えられて、世に絶えない。前世に大力の因があり、それが次の世代の力持となって生まれてくると述べられている。明らかに力は信仰であり、しかも筋として女に伝わる点が示されているのである。

先に掲げた津軽の鬼あねこの話や、江戸で見世物になっている力婦、また世をすねて暮す大力の尼の話などには、そうした力を伝え神霊と関わった筋の女性の存在の痕跡をうかがい知ること

ができるだろう。

三

さて力持の女の存在は、日本の民俗史の上からほとんど姿を埋没させられてしまっているが、男性の力持は、腕力、膂力並はずれて活動する場があった。力業を職能とする人々がその代表であり、力者とよばれる。明治に入って人力車が著しく普及したが、この車を引く者たちは、明らかに力者の系譜をひくものたちであり、以前の車力とよばれていた者の名残りであった。幕末の頃、江戸浅草に車力太郎兵衛なる者がいたが、大の力持として知られており、この男が持ち上げた石が置いてあったが、この石の重さは八〇貫あったと言われている（『江戸塵拾』巻二）。

村の若者たちが、一人前になるための訓練として、力石を持ち上げて力競べすることは、農村の民俗として知られているが、この中でずば抜けた力持がかならず一人や二人いたのである。彼らが村の中でどういう家筋にあたり、あるいはどういう階層に属する者であったかはもう分らないが、先の昔話の中に出てくる主人公たちのように、階層差からいえば下の者に属していたのではないだろうか。たとえば彼は、村の祭りの奉納相撲で、勇猛を発揮して力自慢の世間話の種になった。こういう男が後に力士として朝廷に召集され、各国の代表となったが、元来は村々での代表選手である。関取とよぶのも、関に力の保持者という意味がこめられていたことがわかる。

力士の力競べの起原に神霊の存在を予想することはよく知られる。河童に相撲を挑んだという昔話は、そのことをよく示している。河童は、水神の変化であるから、神に挑戦したことになるが、それは元来、その人が神霊によって特別な加護を受けるべく約束されていた因縁による。こうした力の者たちは、したがって、村の中にあって非常なる家筋に属するといってよく、それ故に、常民とは差別されるように考えられていたのである。

この問題についての柳田国男の見解はすこぶる示唆に富むものであった。近世会津藩の中に、能力という村があり、その近くに万力という村があったという。この由来は、この地方の新宮という大社で、毎年の祭りに、郡内一五ケ村から、各一人の代表選手を出して相撲大会をする古例があった。それぞれの力士名は、選出された村名がそのままつけられていたという。能力と万力はその中でとりわけ力士が強かったことに由来していたらしい。「能力がただの農民の殊に逞しいものであつて、それが信仰を村と繋ぎ付ける、大きな力であつたことだけは是で判る」（『能と力者』）と柳田は述べている。

甲州東山梨郡に、力者組という者がいたという記事が、『郷土研究』にある。三輪片瓦の報告によるが、その職業は、力の薬という堕胎薬を売り、堕胎に関係する職能だったというが詳細は不明である。ただこの力者組は、一定の土地に居住はしておらず、宗門人別改帳にも、元禄末年になってはじめて帳尻の方に記載される存在だったとされている。ふつうの百姓より下で、番太・非人より上であるが、百姓より賤められる立場にあるといわれる。同じ甲州八代郡では、これがリキの者とよばれ、馬医をつとめ、女房は取上婆をしていたともいわれている（柳田国男『能と力者』）。近世にはこのように耕作者たちから差別される立場にあったというのは、力者の系譜の中にどのような理由があったのか一つの問題であろう。

『庭訓往来』には、「古代ハ力者トテ、剃髪シタル中間ノヤウナルモノアリ、出張頭巾ヲカブリ、白布ノ狩衣袴ニ脚絆シテ、馬ノ口ニモツキ、馬ビサクナドヲ持、長刀ナドを持チ、輿ナドヲモ舁ク者ナリ」と記してあり、力者が、馬ひきとか輿かつぎをする、剃髪した中間のような存在だったといっている。「ちごとわらはをかきのせて、りきしや十二人、鳥のとぶがごとくに行ける」（『秋の夜長物語』）とか、「牛飼は新車に強力をかけ、力者はいろいろに足をふみて輿をかく」（『和久良半の御法』）、「御布衣、御輿、御力者三手供奉、著水二干」（『吾妻鏡』仁治二年一一月四日）といったように中世社会では、主として輿舁ぎの力仕事を職能としていたのである。

『梅園日記』には、力者のことがくわしく記されているが、『吾妻鏡』で言う「御輿御力者三手」とは、六人を一組にして計一八人の力者が、輿をかついだことを考証している。六尺ないし陸尺という語も力者の訛った語だというのも『梅園日記』の一説である。

　一二人の力者が鳥がとぶように稚児と童をのせて行ったなどという描写をみると、力者がたんなる力持だけではないものを感じさせる。その衣裳も白衣を着るのであり、浄衣を表わすものであったし、剃髪姿も異様である。『太平記』二十四に、かつて奈良の仲算上人が木津川を渡ろうとするのに、洪水で舟も出ず、橋もない。水は深いので途方に暮れていると、一人の老翁が現じて、連れの一二人の力者に水中を輿でかつがせて行くようにと告げた。そこで上人は力者の輿で、水中を渡ることを決意した。力者とともに水中に入ると、大河は左右に割れ、上人の輿の通る道ができたと伝える。深い水中を力者が通り抜け得る何らかの霊力を発揮したらしい。

　門跡がのる御輿舁は、八瀬童子であった。彼らは京都の叡山の麓八瀬村の住人たちであり、別に鬼の子孫とよばれたことも有名である。鬼の子孫とよばれた理由は、「従二閻魔王宮一帰ル時、輿を舁タル鬼ノ子孫也」と説明されている（『驢驢嘶余』）。つまり霊界との交渉の可能な家筋を出自にしているというのである。また鬼の子孫と言われるからには、里方に住む京の住民たちの山人観の現われとも考えられる。この八瀬童子が一二人一組となって輿を舁ぐのであった。各自浄衣を着て、髪を唐輪にわけ、長が一人いて、この者だけ髪を下げている、という風体であった。

　このように主として鎌倉時代以降の文献には、力者の名がほぼ輿舁きに統一して現われているのである。

　八瀬童子以外には、剃髪した者が多く、力者法師の呼称があった。「似二沙門形一非二沙門一」と言われるほどで、僧侶の身分ではなくても、宗教的性格を帯びていたことには間違いはない。ただ職能としての輿舁きに統一される前の段階では、もっと力業に種々相があったのであろう。寺院の高僧が外出する際には、牛車や馬よりも、板囲四方輿の方が多用されたらしく、そのため大寺では、輿舁きの力業ができる連中を多く従属していたのである。公家や武家の方でも、輿を利用する際、寺の力者に来てもらったと言われ、力者の需要は高かったのである。そこで力者の中の輿舁きが主に文献に書き留められることとなったと、柳田国男は、推察している。他の力者といえば、たとえば柳田の指摘した、謡曲「道成寺」にでてくる、「いかに能力、はや鐘を鐘楼へ上げてあるか」というような、寺に従属しており、力仕事に携わったらしい能力とよばれる存在がある。柳田は「能力は法師に近侍する承仕のようなもの」だと言っている。力者組といえるのは、この能力とか、先の相撲に強い万力、強力、脚力に勝れた飛脚、車力曳きなどがあったようである。

力者が寺に奉仕することは、表面的には、力業のためであったろうが、これがたんに物理的な力だけであったとは割り切れない節が、今まで引用した資料にもうかがえた。ただその実体は明確でない。『塵添壒囊鈔』巻十五に示されている堂童子は、寺に仕える下部《しもべ》であり、堂の傍にいて便宜相応する役だとしている。この堂童子と比較されるのが、今も行なわれている岡山県美作の二上山両山寺の護法実《ざね》である。護法実は祈禱の依坐《よりまし》であり、僧が祈禱して神がかりさせる存在だった。近世の『作陽誌』には、護法実が、性素朴なる者の中から選ばれ、斎戒沐浴させ、然る後衆僧が護法の祈禱をすると、たちまち狂気して踊り狂い、大声を張り上げ、獣のような状態となり、大力を発揮し、もし穢濁の者あればとらえて投げつけるという説明をしている。明らかに護法実がシャーマニスティックな状況にあることがわかる。この護法実は、こうした依坐となる力をもつ神秘性の故に、元来寺に承仕のような形で帰属していたと想像されている。

力者が神霊と深い関連をもつことを、仏教側が吸収すると、たとえば護法実のような存在になったのだろう。力者神社とか、力侍社《りきすの》という名称も当然あってよいものであり、東京都渋谷の宝泉寺境内の強力権現もそこに入ってくる。神霊に奉仕する司祭者＝奉仕者というイメージが強く、力者神社の名はその反映であろう。そして護法実のように神意を受け止め、俗人に非凡な霊力を示すことも可能だった。そういう存在に選ばれるについては、先にも指摘したように、力の家筋が当初は限定されていたのだろう。霊力と物理的な力とは、不可分に結びついており、両者の合体が力者の真骨頂でもあったのである。

だがその段階は想像される対象となっていても、実際史料に示された限りでは、多少霊界に交渉ある点のうかがえる八瀬童子の輿舁ぎによって辛うじて言える程度である。輿舁ぎから六尺となり、車力となり人力車曳きに変遷するプロセスにおいては、もはやその膂力と体力のみが表面に押し出されてしまっている。

一方昔話や世間話の力持の主人公を見ると、その現われ方に、力競べによって神霊の加護を受ける面がすこぶる興味深く描かれていることがわかる。

三吉様にしても、大力三十郎にしても、三人の旅の力持にしても、共通して大力を自由自在に操ることが可能で、神化したものもあるし、神に挑戦してこれを打ち負かしたりする若者が主人公となっている。しかもいずれも土地田畑のない貧しい家の若者たちであり、このことは力持の家筋が、村内で特殊視されたことを示しているだろう。具体的には、近世村落内において、被差別の対象となっていたことも明らかなのである。その理由は、力の根原は信仰にあったことが村人に強固な意識となって伝承されていたことをものがたっている。そしていわゆる常民にとっては根原的な力が背景として存在することは少なく、常民側から言えば大力に対する憧憬と畏怖が交錯する対象となるのがすなわち力者だったのである。

大力が非日常的な形で発揮されるのは、神秘的領域に属する場合であり、それは力者の呪力によるのが原初の型であったといえる。しかし歴史的変化の段階では、霊力と物理的な力とが分離し、それ故に、力者の位置は下落してしまったのだった。そして常民と同じ生活環境の中に定着するプロセスにおいて、元来田畑の耕作を主業としないために、常民から差別されるに至った。

こうした経路が、力持の昔話の中にうかがうことができるのであり、そのことは逆に、昔話の中から、力者の本原的な存在理由も引き出す可能性をものがたっているのである。

あとがき

本書は、前著『原初的思考—白のフォークロア』（大和書房、昭和五〇年）に引続き、その後発表したエッセーをもとに編み直したものである。筆者自身の立場は、日本の民間信仰に関する部分の調査研究を通して、日本人の精神構造の一端を究明したいという、いささか自己の能力を超えた意図をもち続けており、本書もその過程のささやかな一里塚を示すに過ぎない。

そうした作業過程で、次の四つの柱を立ててきた。すなわち（Ⅰ）カミ観念の問題、（Ⅱ）他界観の問題、（Ⅲ）性の問題、（Ⅳ）被差別の問題である。本書の構成も四つのモチーフの展開に合わせたものである。

Ⅰでは、日本人のカミ観念をヒトの立場から考察したものである。よく言われるように、日本人のカミは、ヒトとの連続性が顕著であり、ヒトはしばしばカミとなる可能性をもつ。しかもこのカミは、西欧にみられる絶対的神格を示すものではない。なみのヒトではない場合がカミということになるが、その中で多義的な性格を通時的にもったテンノウ（天皇、天王）信仰をとり上げ、他のさまざまな民間信仰の神格と比較しようとした。天皇制との関わり合いで言うなら、天皇制持続の無意味となる論理を民俗宗教の内在的なものから客観的に把握したいということである。

Ⅱにおいては、日本人の他界が、現世との連続の上に成り立つという柳田民俗学の指摘にのっとって、その具体像の把握を試みたものである。とりわけ筆者が年来注目しているミロク信仰の日本的な型についての抽象化が、沖縄や朝鮮半島の諸事例との比較によって、あるいはなされ得るのではないかという希望的観測もある。

Ⅲにおいては、今までの研究史で欠落していたという性について、これを民俗宗教論としてとらえ直そうという気持があり、とくに性信仰をクローズ・アップさせた。主として農耕文化の中に位置づける主張をしているが、どうもありきたりの説明に終わったきらいがある。

Ⅳにおいては、前著のシラのイメージを、さらに深化させようとしたものである。逆に常民を差別するところに生じた被差別民の論理を強調することの必然性を最近感じており、これを一つの文化の体系として、提示してみたい気持がある。

右の四つの柱の有機的関連については、さらに今後の大きな課題として残しておきたい。それぞれの主題を通して、日本の民俗文化の意味づけを行なう場合、これら四点の相互交渉について、さらに一層深化させる志向が働らくにちがいない。その時には本書のささやかな提言も、かならずや議論の対象となるだろうと念じている。

本書が校了した時、昨年来の大病療養中であった和歌森太郎先生がついに不帰の客となった。痛恨の極みである。依然その学恩に報いられぬことを恥じつつ、歴史学と民俗学の架橋に苦闘された先生のご冥福を祈りたい。

なお本書をまとめるにあたっては、いつもながらの未来社編集部小箕俊介氏の友情に支えられた。ここに厚く感謝したい。

一九七七年四月

宮田　登

初出一覧

I

民衆のなかのテンノウ信仰	七四・九	『伝統と現代』
いわゆる権威としての天皇信仰	七五・三	『季刊現代宗教』
天皇信仰の性格	七六・一	『日本宗教史の謎』上（和歌森太郎編、佼成出版社刊）
カミとしての東照大権現	七六・五	『日本宗教史の謎』下（和歌森太郎編、佼成出版社刊）
人を神に祀る民俗	七三・三	『グランド現代百科事典』月報一五号
流行神の性格	七六・五	『日本宗教史の謎』下（和歌森太郎編、佼成出版社刊）

II

民間信仰としての地獄・極楽	七六・九	『太陽』
補陀落渡海の人々	七五・七	『大法輪』
沖縄のミロク教	七五・一一	『季刊現代宗教』
「鄭鑑録」の預言	七六・三	『東アジアの古代文化』

III

性信仰研究の諸問題	七五・七	『季刊現代宗教』
性器崇拝の性格	七六・五	『日本宗教史の謎』下（和歌森太郎編、佼成出版社刊）

人間と性　七六・八　『信濃毎日新聞』

IV

白山信仰と被差別　七六・七　『伝統と現代』

非・常民の信仰　七六・三　『文化』

力と信仰と被差別　七六・三　『伝統と現代』

＊　本書収録にあたり題名の変更、ならびに補訂加筆あり。

宮田　登（みやた　のぼる）
1936年10月　神奈川県に生まれる。
東京教育大学大学院博士課程修了。
著　書：『ミロク信仰の研究』『都市民俗論の課題』『現代民俗論の課題』（いずれも未來社），ほかに『生き神信仰』『神の民俗誌』『女の霊力と家の神』『妖怪の民俗学』『ヒメの民俗学』『霊魂の民俗学』『日和見』『山と里の信仰史』『歴史と民俗のあいだ』『ケガレの民俗学』『冠婚葬祭』など多数。
2000年 2月　歿。

【ニュー・フォークロア双書 1】
民俗宗教論の課題

1977年 6月　1日　初 版 第1刷発行
2000年 5月 25日　復 刊 第1刷発行

定価（本体 2500 円＋税）

著　者　宮　田　　登
発行者　西　谷　能　英

発行所　株式会社　未　來　社
〒112-0002　東京都文京区小石川 3－7－2
電話 03-3814-5521(代)　振替 00170-3-87385
http://www.miraisha.co.jp/　E-mail: info@miraisha.co.jp

装本印刷＝形成社／本文印刷＝スキルプリネット／製本＝黒田製本
ISBN 4-624-22001-3　C0339

宮田　登著
ミロク信仰の研究
四五〇〇円
姉崎賞受賞の旧著（一九七〇年刊）において日本民衆の救済観を描いた本書は、その後の研究調査の成果を吸収しつつ、琉球韓国のメシア思想とも比較した質量共に優れた成果である。

宮田　登著
都市民俗論の課題
二〇〇〇円
現代日本民俗学の主要なテーマとしての都市をいち早く指摘し、江戸から現代につながる都市生活者たちの心意を体系づけた先駆的古典的諸論文を収録。都市研究者の注目を引く。

宮田　登著
現代民俗論の課題
二〇〇〇円
現代民俗研究の分野に先駆的な鍬入れをし斬新な問題提起をしつづける著者が、都市、女、子ども、若者、移民社会などの中に混在、隠在する現代の民俗事象を抽出し、解読する。

楠　正弘著
庶民信仰の世界
七〇〇〇円
〔恐山信仰とオシラサン信仰〕東北地方一帯に分布する代表的な二大〈庶民信仰〉を調査し、信仰動態現象学を確立した著者のライフワーク。柳田・堀の民衆学を発達させる収穫。

池上　良正著
民間巫者信仰の研究
一三〇〇〇円
〔宗教学の視点から〕青森のカミサマ、沖縄のユタと呼ばれる巫者に焦点をあて民俗・民衆宗教の見地から民間巫者信仰の諸相を考察。日本の巫者信仰の世界観・救済観の本質を究明。

石塚　尊俊著
日本の憑きもの
二八〇〇円
〔俗信はいまも生きている〕憑きものの種類・分布からその社会構造・憑きもの筋・行者・社会倫理等、憑きもののあらゆる側面を多くの資料と調査により総合的に究明した名著。

坪井　洋文著
神道的神と民俗的神
五〇〇〇円
「神道的神と民俗的神—定住民と漂泊民の神空間」「新年の時間的二元性」「焼畑村落の民俗的変化」「芋くらべ祭」他。徹底した民俗誌作成を経て仮説提示に至る坪井民俗学の特質。

住谷一彦、クライナー・ヨーゼフ著
南西諸島の神観念
四八〇〇円
従来の南島研究で定説化されてきた沖縄観を、神観念の徹底調査・分析により覆す画期的労作。東西の俊秀学究の協力になる本書の分析はその後の沖縄学の基礎となったとされる。

（価格は税別）